한국체육대학교 학술교양총서

왕초보 스킨 스쿠버 다이빙론

이 저서는 2021학년도 한국체육대학교 연구년제 교수지원에 의하여 수행되었음.

한국체육대학교
학술교양총서
009

왕초보

스킨 스쿠버
다이빙론

OPEN WATER SKIN SCUBA

육현철

글누림

한국체육대학교 학술교양총서 발간에 부쳐

아이작 뉴턴은 생의 막바지에 이런 말을 남겼다.

"나는 바닷가에서 노는 소년과 같았다. 가끔씩 보통 것보다 더 매끈한 돌이나 더 예쁜 조개껍데기를 찾고 즐거워하는 소년. 그러는 동안에도 내 앞에는 광대한 진리의 바다가 미지의 상태로 펼쳐져 있었다."

뉴턴의 아포리즘은 학인(學人)의 삶, 그 숙명을 함축한다. 배움은 진리를 사랑함이니 사과 한 알, 조개껍데기 하나로써 세상의 작동원리를 갈음한 천재의 언어로 부족함이 없다. 그의 통찰은 '거인의 어깨 위에 앉은 난쟁이'의 비유에서 가장 높은 경지에 이른다.

"내가 더 멀리 보았다면 이는 거인들의 어깨 위에 올라서 있었기 때문이다(If I have seen further, it is by standing on the shoulders of giants)."

로버트 머튼이 쓴 『거인의 어깨 위에서』는 뉴턴의 비유가 매우 오래된 인용문임을 밝힌다. 뉴턴은 조지 허버트를, 허버트는 로버트 버튼을, 버튼은 디에고 데 에스텔라를, 에스텔라는 존 솔즈베리를, 그리고 솔즈베리는 베르나르 사르트르를 인용했다.

마태오가 적어나간 아브라함 가문의 내력과도 같지 않은가? 천재의 아우라가 해묵은 은유에 생명을 불어 넣었으리라. 거인과 어깨의 계보는 또한 진리의 오솔길. 그 길은 오로지 나아감이 있을 따름이다. 학인의 숙명은 미지의 열락을 찾아 헤매는 지상의 나그네다.

한국체육대학교 학술교양총서는 어깨에 어깨를 걷고 인내로써 천년의 탑을 포개려는 정성의 결실이다. 1977년 개교 이래 성상을 거듭해 정진해온 대한민국 유일의 종합체육대학으로서 학문적 성과와 현장의 경험을 집약하고자 하는 목적으로 시작되었다.

총서가 가야 할 길은 멀다. 완급과 부침이 없지 않겠으나 우리는 장경을 새기는 정성과 인내로써 점철할 것이다. 순정한 지향과 의지가 끝이요 마치다. 영원을 향해 걷는 걸음의 시작 앞에서 비나니, 끝끝내 진리의 대양에 이르러 현학들과 조우하기를 빈다.

2020년 2월
한국체육대학교 학술교양총서 편집동인을 대표하여
제7대 총장 안용규 씀

충남 당진군 정미면 덕마리 영내천에서 어릴 적부터 물을 좋아하여 성당초등학교 5학년 때 선수생활을 하였고 배영 100m, 200m 한국신기록을 수 차례 세우고 국가대표를 지내기도 하였다.

동대문 서울운동장 야외수영장에서 하늘을 바라보고 하는 배영 선수라서 물속 세상은 어떨까 늘 궁금한 생각을 가지고 있었다. 아마 누구나 한번쯤은 바닷속 세상은 어떨까 궁금증을 가지고 있었을 것이다.

물속 세상에 대한 호기심이 스쿠버다이빙을 시작하게 된 계기가 되었다. 본 교재는 스쿠버다이빙을 입문하려는 사람들에게 꼭 필요한 잠수지식과 더불어 스쿠버다이빙을 즐기며 경험한 사례를 다양하게 기술하였다. 특히, 처음 스쿠버다이빙을 입문하는 왕 초보 초급 다이버들이 쉽게 이해할 수 있도록 노력하였다.

스쿠버 배우기를 희망하는 여러분은 이 책에서 제시한 안내에 따라 4일만 배우면 안전하고 즐겁게 바다 속의 신비로움을 만끽하면서 새로운 삶의 활력을 찾게 될 것이다. 이 책을 통해 여러 다이버들이 느끼게 될 행복을 생각하며, 밤잠을 자지 않고 스킨 스쿠버 지도서를 오랜 기간 동안 즐거운 마음으로 작업하였다.

본 교재가 스쿠버다이빙을 배우려는 여러분들에게 도움이 되기를 바라며, 항상 즐겁고 안전한 다이빙을 하기를 희망한다.

올림픽 공원을 정원으로 하는

한국체육대학교 수영장 연구실에서

2022 초여름

육현철

CONTENTS

Ⅰ. 스킨 스쿠버
다이빙의 개요

OPEN WATER
SKIN SCUBA

1. 스킨 스쿠버의 역사

1) Free diving - 최초의 다이빙

Free 다이빙은 다이빙 테크닉 중에서 가장 초기에 쓰여 졌고 음식과 보물을 찾는데 역사적인 역할을 했다. 한국과 일본의 해녀와 진주 잡이들이 프리 다이버(Free diver) 중에 가장 많이 알려져 있다.

2) Bell diving -역사상 두 번째 다이빙

다이빙역사의 두 번째 형태의 다이빙은 bell 다이빙이다. 벨 다이빙은 기원전 330년 알렉산더 대왕 때 기록된 그림에서부터 유래한다. 이 기구는 재질은 나무로 되어있고 표면에는 납으로 코팅되어서 전체 부피가 1.7㎥이고 뚜껑은 빛이 들어올 수 있게 유리로 만들어져 있으며, 또한 밸브가 있어서 신선한 공기를 공급할 수 있었다고 한다.

3) Helmet diving

수면 위에서 공기를 공급하는 헬멧다이빙은 아직까지도 상업적으로 가장 많이 쓰이는 다이빙의 하나이다. 헬멧다이빙은 안정성으로 보나 공기의 공급과 물 속에서 머물 수 있는 시간으로 볼 때 장점이 많음에도 불구하고 다이버의 기동성을 매우 제한하는 단점이 있다.

4) Scuba diving

무한정으로 공기의 공급을 받을 수 있는 헬멧 다이빙에 비하여 Scuba다이빙은 자신이 직접 공기를 가지고 다님으로 인해 공기의 공급은 한정되어 있으나 자유롭게 다이버가 움직일 수 있는 기동성을 확보하게 하였다. 1943년 Cousteau. J. Y와 Emile Gagnan이 공동 발명한 것이며 이 장비의 등장 이후 비로소 사람들이 바다 속을 자유롭게 들어가 활동할 수 있게 되었다.

이렇듯 인간들은 바다 속을 적어도 기원전 5천년 경부터 탐험해왔다.

2. 스킨 다이빙(Skin Diving)이란?

스킨 다이빙은 마스크(mask)와 오리발(fin) 등의 간단한 장비를 이용하여 잠시 숨을 참으면서 10m 미만의 낮은 수심을 왕복하며 즐기는 잠수를 말하며, 스노클(Snorkel)을 이용하여 호흡하기 때문에 스노클링(Snorkeling)이라고 부르기도 한다.

많은 장비의 준비가 필요한 스쿠버다이빙에 비해 준비가 간단하지만 얕은 수심에서 활동한다는 것이 단점이 있다. 스킨 다이빙 기술을 충분히 익히면 스쿠버 다이빙 기술을 습득하는데 많은 도움이 되기 때문에 스쿠버다이빙을 배우기 전에 스킨 다이빙을 먼저 익히는 경우가 일반적이다.

■ 스킨 다이빙의 목적

스킨 다이빙은 말 그대로 스킨 장비만을 가지고 스노클을 이용하여 호흡을 계속적으로 하면서 5m 미만의 깊이에서 장시간 동안 물속을 돌아다니며 보면서 물놀이와 물속의 생물을 관찰 연구의 목적으로 사용되고 있다.

스킨 다이빙을 배우기 위해서는 1.5M 정도의 깊이에서 스노클 호흡법과 마스크 물빼기, 휜킥, 맨몸 하강, 서서입수, 보드다이빙시 뒤로 입수 등으로 물에 대한 공포심과 장비를 다루는 기술을 얕은 물에서 충분히 익히는 것이 바람직하다.

3. 스쿠버 다이빙(Scuba Diving)이란?

> 물 속에서 호흡을 할 수 있는 장비, 즉 스쿠버 장비를 가지고 물 속 약 30m의 깊이까지 잠수하여 즐기는 것을 말한다. 스쿠버 다이빙은 생각보다 훨씬 쉬우며 남녀노소 건강한 사람이면 누구나 안전하게 즐길 수 있는 과학적인 스포츠이다.

■ 스쿠버 다이빙의 목적

스쿠버(SCUBA)는 Self Contained Underwater Breathing Apparatus의 약자로 스킨 다이빙(Skin Diving) 장비에서 부력조절기(Buoyancy Compensator)와 호흡기(Regulator), 공기통(Air Tank)을 사용하여 물 속 환경을 보며 즐길 수 있는 유일한 레저스포츠이다.

초창기에는 군사적인 목적으로 개발되었으나 1959년 세계수중연맹(CMAS)이 설립되면서 일반 대중에게 소개되기 시작하여 현재는 수중탐사 및 연구 그리고 무엇보다 레저활동의 목적으로 사용되고 있다.

환상적인 수중세계를 안전하게 경험하기 위해서는 반드시 스쿠버 다이빙 전문강사(Scuba Diving Instructor)를 통해 정규교육을 이수해야 한다.

※ 스킨 스쿠버란 스킨 다이빙(Skin Diving)과 스쿠버다이빙(Scuba Diving)의 복합어

4. 자격증의 종류

스킨 스쿠버를 즐기기 위해서는 단계별로 자격증 취득이 필요하다.

스쿠버 다이빙 교육 단체에 따라 명칭에 조금씩 차이가 있지만, 일반적으로 오 픈워터 다이버부터 다이브 마스터까지 구분되어 있다.

스쿠버 다이빙 전문강사로부터 정규 교육을 이수하면 C-Card를 발급 받을 수 있다.

• 초 급: OPENWATER SCUBA DIVER ★	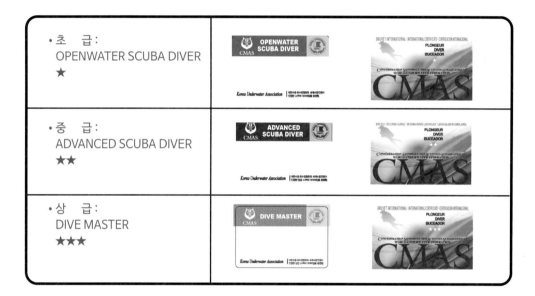
• 중 급: ADVANCED SCUBA DIVER ★★	
• 상 급: DIVE MASTER ★★★	

■ 특수잠수(Specialty Course)

수중방향 찾기, 탐색과 인양, 보트 다이빙, 난파선 다이빙, 얼음 밑 다이빙, 드라이슈트 다이빙, 깊은 수심 다이빙, 동굴 다이빙, 야간 다이빙, 수중사진, 구조다이빙, 흐린 물 다이빙, 장비수리, 고도 다이빙 등이 있다.

※ 세계수중연맹(CMAS)은 불어로 Confederation Mondiale des Activites Subaquatiques라 부르고 영어로는 World Underwater Federation이라 부른다.
본부는 현재 이태리 로마에 위치하고 있으며, 각 국의 수중협회가 모여 이루어진 진정한 수중계의 UN이다.

5. 스킨 스쿠버의 효과 및 필요성

1) 재미와 건강을 동시에 잡다

스킨 스쿠버 다이빙은 바다 속 세상을 체험하는 즐거움도 크지만 건강에도 좋아 많은 이들로부터 사랑받고 있다. 머리끝부터 발끝까지 물의 압력을 받으므로 전신 마사지 효과가 있으며, 자연스럽게 폐활량을 키워주고 심폐기능이 좋아진다고 한다. 또한 평소 쓰지 않던 근육을 발달시키는 효과가 있으며 관절의 유연성과 하체 근육을 강화시켜준다. 게다가 칼로리 소비량이 많아 다이어트에도 효과 만점이므로 몸매 가꾸기에 신경 쓰는 여성들에게 더할 나위 없이 좋은 운동이다.

2) 동굴에서 태국 유소년 축구팀 13명 모두 구출

2018년 6월 태국 동굴에 최장 17일간 갇혔던 유소년 축구팀 선수와 코치 등 13명이 전원 무사히 구조되는 기적 뒤에는 눈부신 활약을 펼친 영웅들이 있었다.

영국의 전문잠수사 리처드 스탠턴과 존 볼랜턴이 동굴 속 바닥을 기고 급류속을 헤엄쳐 생존자들을 발견하고 이후 구조계획의 토대를 세웠다. 이 구조 활동에 동참한 미군 인도태평양사령부 소속 구조대원과 태국 해군 네이비실 대원 등 다이버 90명이 있었기에 가능했다.

특히 2004년 멕시코에서 홍수로 지하에 9일간 갇힌 영국병사 6명에게 잠수를 가르쳐 9시간만에 모두 탈출시킨 스탠턴의 경험은 이번 구조에 큰도움이 됐다는 평가를 받고 있다. 그 외 잠수하는 리처드 해리스 의사는 30년의 경험의 노하우를 갖은 의사이며, 엑까폰 코치는 선수들을 모두 구조하고 마지막으로 탈출하는데 성공하였다.

Ⅱ. 잠수 기초 지식

OPEN WATER
SKIN SCUBA

1. 공기(Air)

> 대부분 스쿠버를 처음 접하는 사람들은 산소통을 가지고 다이빙을 한다고 한다. 하지만 이는 잘못 알고 있는 대표적인 사례이다. 잠수 중 다이버가 숨 쉬는 기체는 산소가 아니라 공기(Air)이다. 따라서 산소통이 아니라 공기통(Air Tank)이라고 하는 것이 옳다.

1) 공기의 구성

스포츠 스쿠버다이빙에서는 일상에서 우리가 호흡하는 공기를 공기 압축기(air compressor)로 고압으로 압축된 공기를 일정 용기에 담아서 사용하게 된다. 일반적으로 공기는 산소 21%와 질소 78%로 되어 있다. 나머지 1%는 이산화탄소, 일산화탄소, 알곤, 헬륨 등이 소량의 기체로 되어 있다.

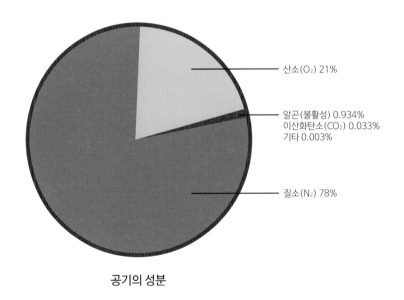

산소(O_2) 21%

알곤(불활성) 0.934%
이산화탄소(CO_2) 0.033%
기타 0.003%

질소(N_2) 78%

공기의 성분

2) 공기의 성질

다이버가 잠수 중 사용하는 공기의 성질은 쉽게 압축이 되며, 수심 30m까지 가장 안전하고 또 경제적인 기체이다. 또한 공기는 고도가 높아지면 희박해지는 성질을 가지고 있다.

3) 기체 별 특징

① 질소(N_2)

대기 중에 가장 많이 존재하는 성분으로 토양이나 공기 중의 질소가 생물체에 이용되는 질소순환을 한다. 그러나 인체의 신진대사와 생명유지에는 사용되지 않는 색깔과 냄새가 없는 불활성 기체이다. 특히 수중의 고압의 질소를 호흡하게 되면 마취증상이 있기 때문에 스포츠 스쿠버 다이빙에서는 30m이내에서 활동하게 되어 있다. 또한 깊은 수심에서 오랜 잠수 후 급상승을 할 경우 체내에서 기포를 형성하여 병증(감압병)을 유발할 수도 있다.

② 산소(O_2)

산소는 인간을 비롯한 모든 생물들에게 에너지대사에 필요한 기체로 색깔, 냄새가 없으며 다른 물질과 화합이 쉬운 활성기체이다. 질소와 마찬가지로 고압에서 중독효과를 나타내기에 순수산소를 이용한 다이빙은 위험하다.

③ 이산화탄소(CO_2)

이산화탄소는 무색, 무취의 기체이지만 압력을 가하면 쉽게 액체로 변하게 되고 높은 압력을 가하면 고체의 드라이아이스가 된다. 인체의 호흡으로 인해 이산화탄소는 배출 되어 공기 중으로 배출되고 소량을 인체 내에 남아도 무해하다. 그러나 농축된 이산화탄소는 독성을 가져 위험을 준다.

스쿠버 다이빙 중 특히, 초보자는 무리한 핀킥이나 호흡거르기, 호흡저항증가 등이 원인이 되어 이산화탄소가 체내에 축적되어 잠수 후 두통이나 심할 경우 기절을 하기도 한다. 따라서 천천히 유영하고 호흡을 편안하게 하여 이산화탄소가 체내에 축적되지 않도록 예방하여야 한다.

④ 일산화탄소(CO)

연소 과정에서 불완전 연소되어 생성되며, 자동차의 배기가스나 담배연기 속에 함유되어 있다. 일산화탄소는 인체에서 산소를 운반하는 헤모글로빈과 결합하여 인체에 중요한 산소를 부족하게 하여 저산소증을 유발한다. 특히 공기통을 압축기로 압축할 경우에 콤프레셔나 자동차의 배기가스가 유입되지 않도록 한다. 또한 정기적으로 공기통과 공기압축기를 점검하여야 한다.

2. 압력 (Pressure)

> 수중세계는 압력 변화가 매우 크다. 따라서 압력 변화를 잘 이해해야 편안하고 안전하게 잠수를 즐길 수 있다.

1) 압력이란?

압력은 일정한 면적을 누르는 무게를 말한다. 단위는 kg/cm2 또는 PSI(pound/inch2)나 Bar(바)를 주로 사용한다.

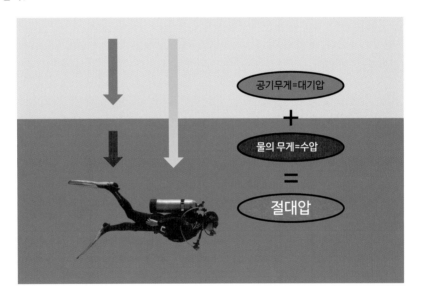

2) 압력의 종류

- 대기압(atm): 지구를 둘러싸고 있는 대기권 내의 공기무게를 뜻한다.

  1기압 = 1.03 kg/cm2 = 14.7psi

- 수압: 물이 누르는 무게로 해수와 민물의 차이가 있다.

  1기압 = 10msw(해수) = 10.3mfw(민물)

- 절대압(ATA): 다이버가 받는 실제 압력으로 대기압과 수압을 합한 압력이다.

예) 물속 30m에 있는 다이버가 받는 압력은 대기압(1기압)과 수압(3기압)을 합한 4절대압으로 육상에 서보다 4배나 높은 압력을 받게 된다.

3) 압력, 부피, 밀도의 변화

압력이 증가하면 기체의 부피는 감소하고, 그 밀도는 증가한다. 즉, 수심이 깊어질수록 다이버가 받는 압력은 높아지게 되고, 이로 인해 인체 내의 공기공간에 존재하는 공기의 부피는 감소하게 된다. 이와는 반대로 다이버가 상승하면 주변 압력이 감소하여 기체의 부피(다이버가 갖는 공기 공간)는 증가하고 기체의 밀도는 감소한다(보일의 법칙).

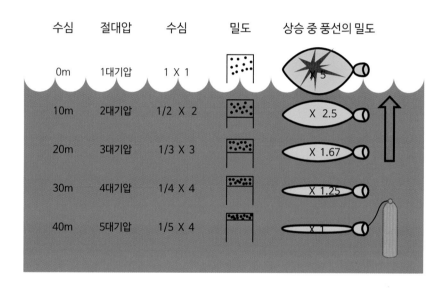

4) 압력에 따른 기체의 부피변화가 다이빙에 미치는 영향

＊하강 중

- 수심이 깊어질수록 귀의 압착이나 부비동 압착, 마스크 압착과 같이 압착현상이 발생하며 기체의 부피는 감소하고, 밀도가 높아지므로 공기소모량은 증가하게 된다.

＊상승 중

- 감기 등의 이유로 공기통로가 막혀있을 경우 역폐쇄가 발생할 수 있으며, 기체의 부피가 증가하고 공기소모량은 감소한다.

- 특히, 스쿠버 중 숨을 참고 상승할 경우 폐의 과대팽창이 생길 수 있으므로 주의해야 한다.

잠수 중 숨 참고 상승 절대 금지

21

3. 기체의 부피변화가 다이버에게 미치는 영향

> 오픈워터 다이버가 처음으로 수중에 들어가게 되면 압력에 따른 기체의 부피변화로 인해 어려움을 겪는 경우가 종종 있다. 수심이 깊어질수록 주변의 압력이 높아짐에 따라 귀(중이), 부비동과 마스크 속 기체의 부피변화가 줄어듦으로 인해 압착현상이 발생하게 된다. 압력에 따른 기체의 부피변화가 다이버에게 미치는 영향에 대해 알아보자.

1) 귀(중이) 압착

오픈워터 다이버에게 가장 민감하고 중요한 것이 귀(중이) 압착이다. 잠수풀 교육을 하게 되면 우선 바닥까지 하강하는 것이 중요한데 이때 한번에 내려가지 못 하는 이유는 수압에 의한 귀의 압력균형이 깨져서 통증을 유발하기 때문이다. 우리 인체에는 공기공간이 존재하게 되는데 가장 민감한 부분이 고막 안쪽의 중이(中耳)이다. 하강 시 압력의 증가에 의해서 고막 안쪽의 공기가 수축하게 되고, 고막이 안쪽으로 휘게 되어 통증을 유발하게 된다. 오픈워터 다이버는 하강 중 통증이 오기 전에 수시로 코를 막고 불면 코로 나갈 공기가 유스타키오관을 타고 귀(중이)로 들어가 압력평형(Equalizing)이 이루어져 통증 없이 하강하게 된다. 압력평형이 되지않을 경우 압력평형이 이루어지는 수심(통증이 사라지는 수심)까지 상승해서 다시 실시하면 된다.

혹시라도 귀마개를 사용하게 되면 외이압착으로 귀의 손상이 생길 수 있으므로 다이버는 잠수중 귀마개를 사용하지 않는다.

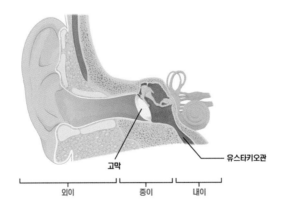

2) 마스크 압착

스쿠버다이버는 시야를 확보하기 위해서 전용 마스크를 반드시 착용하여야 한다. 마스크를 착용하게 되면 안쪽에 공기가 존재하기 때문에 수압에 의해서 안면부에 압착이 생겨 통증을 야기한다. 통증에 대처하는 방법으로는 스쿠버용 마스크는 코까지 덮고 있기에 하강중 코로 공기를 불어 넣어서 압력 균형을 맞추어 통증을 제거한다. 이러한 마스크의 압착현상 때문에 일반적인 수영 안경을 착용하면 안 된다. 그리고 마스크의 끈 조절을 할 때 수압이 있기 때문에 꽉 조이는 것 보다는 편안한 느낌으로 착용하는 것이 좋다.

3) 부비동 압착

부비동(sinus)이란 얼굴 안쪽에 위치한 공기공간으로 내벽이 실핏줄이 발달된 점막질로 되어 있으며 습도와 온도 조절에 도움을 주고 전두동, 사골동, 접형동, 상악동 좌우 4쌍으로 되어 있다. 이중 전두동은 앞이마 부근에 있고 상악동은 윗잇몸 부근에 있으며 가장 큰 부비동이다.

부비동은 귀(중이)의 압력평형으로 함께 해결되나 감기, 알레르기로 인해 부비동의 공기통로가 막힐 경우 이마나 잇몸 윗부분에 바늘로 찌르는 듯한 통증이 발생할 수 있으며 심하면 실핏줄이 터져 내부에 피가 고이게 된다. 이로인해 잠수 후 코로 피가 나오기도 한다. 통증이 심하면 하강을 멈추고 예방법으로는 감기, 코 막힘 등의 경우 잠수를 포기한다.

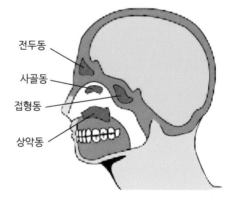

전두동
사골동
접형동
상악동

4) 역폐쇄(Reverse Block)

역폐쇄란 하강 중 압력균형을 유지하기 위해 공기 공간 내에 유입된 기체가 상승 중 공기배출 통로가 막힘으로 인해 팽창되는 현상을 말하며 일명 역압착이라고도 한다. 역폐쇄는 감기나 알레르기 등으로 공기통로가 차단되어 코 뚫는 약을 사용 후 잠수를 할 경우 주로 발생된다. 잠수 중 약의 효과가 떨어지게 되면 중이나 부비동 속의 기체의 부피가 과대팽창하게 되어 귀나 부비동에 통증을 야기한다.

만약 역폐쇄가 되어버리면 일단 통증을 느끼지 않는 곳까지 다시 하강하여 수면을 보면서 침을 삼키거나 턱을 좌우로 움직이며 평소보다 길고 깊게 호흡하며 서서히 상승을 하여야 한다.

예방법으로는 감기나 알레르기에 걸리지 않도록 주의하고 압력균형이 안되는 경우는 잠수를 포기하여야 한다. 특히, 코 뚫는 약을 사용 후 잠수는 역폐쇄 외에도 질소마취를 촉진하기도 하므로 사용하지 않는 것이 좋다.

5) 상승 중 호흡

잠수 중 하강하면 압력이 증가하고 상승하면 압력은 감소한다. 이때 기체의 부피는 반비례하여 감소 또는 팽창하는데 상승 시 정상적인 호흡을 하면 팽창된 공기는 호흡을 통해 외부로 배출되기 때문에 문제가 된 않지만, 만약 숨을 참고 상승할 경우에는 폐가 과대팽창하게 되어 질병을 야기할 수 있다. 따라서 스쿠버다이버는 상승시 절대로 숨을 참거나 멈추지 말고 정상적인 호흡을 하여야 한다.

잠수 중 숨 참고 상승 절대 금지

4. 물의 특성

스킨 스쿠버는 물속에서 행하는 레저스포츠이다. 따라서 물의 특성을 잘 알고 이해하면 보다 즐겁고 안전하게 즐길 수 있게 된다.

1) 물의 밀도

밀도란 단위 부피당 무게를 말한다(단위 : g/cc 또는 kg/ℓ). 따라서 부력과 밀접한 관계를 갖는다. 즉, 밀도가 높은 유체에서는 보다 많은 부력이 생성된다. 실례로 민물(1g/cc)에서 보다 바닷물(1.025g/cc)에서 보다 쉽게 뜰 수 있는 것은 같은 양의 민물보다 바닷물이 더 무겁고 이로 인해 더 밀도가 높기 때문에 보다 많은 부력을 생성시키기 때문이다.

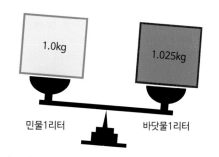

바닷물이1.025배무겁다/ 바닷물에서부력2.5% 증가

물의 밀도는 공기의 밀도보다 약 800배나 더 크기 때문에 물속에서는 땅 위에서보다 큰 저항을 받게 되며, 물은 기체와 달리 압축되지 않고 이로 인해 수심에 관계없이 밀도가 일정하다.

물의 비압축성으로 인해 강물이나 지하수나 밀도가 같으며 바닷물의 경우 10m 수심마다 1기압씩 압력(수압)이 증가한다.

공기와 다른 물의 밀도차에 의해 수중에서는 소리의 방향을 탐지하기 어렵고, 물의 높은 열 전도율로 저체온증이 발생되며, 물속에서는 육상보다 사물이 가깝고 크게 보인다. 또한 수중에서는 육상보다 어둡고 시야가 흐리며 수심에 따라 원래의 색상을 보는데 제약이 따른다.

2) 부력(Buoancy)

스쿠버 다이빙에서 겪게 될 가장 큰 경험이라면 중성부력을 꼽을 수 있다. 다이버는 중성 부력을 갖게 되었을 때 무중력의 느낌을 경험하게 된다. 또한, 수중을 자유롭게 유영할 수 있고 하강과 상승도 원활하게 할 수 있다.

부력(浮力, buoyancy)이란 물에 뜨는 힘을 말한다. 그리스의 수학자 아르키메데스(Archimedes 287 BC-212 BC)는 "모든 물체는 물에 잠기게 되면 이 때 그 물체가 밀어낸 물의 무게만큼의 부력을 갖는다"고 했다. 즉, 모든 물체는 부피에 해당하는 물의 무게 만큼 부력이 발생하게 된다.

■ 부력의 세가지 상태 및 필요성

- 양성(+)부력: 수면휴식, 표면수영, 물체인양 시 필요

- 음성(-)부력: 다이버가 하강을 하기 위해 필요

- 중성부력: 수중활동을 자유롭게 하고, 공기소모율을 감소
  시키며 체력낭비를 예방하고 수중 생물과 환경
  을 보호하기 위해 필요

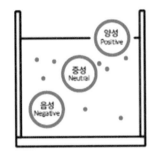

■ 부력 조절 방법

부력의 조절은 매우 중요하다. 다이버는 체온손실과 신체보호를 위해 착용한 슈트의 양성부력을 먼저 상쇄하기 위해 적정한 웨이트(납)를 착용하여야 한다. 다음으로는 부력조절기(B.C)에 공기를 적절하게 주입하여 중성부력을 유지한다. 큰 부력은 위와 같이 웨이트와 부력조절기를 조절하여 맞추고 정밀한 부력은 호흡을 통해 조절하게 된다.

호흡 조절을 통한 부력조절이 익숙해질 때가지 숨을 들이마시면 몸이 떠 오르고, 내쉬면 몸이 가라앉는 연습을 충분히 진행하면 보다 즐겁고 안전한 다이빙을 즐길 수 있다.

바닷물(1.025kg/ℓ)은 민물(1kg/ℓ)보다 더 무겁기 때문에 더 큰 부력을 제공한다. 따라서 바다에서는 민물에서보다 조금 더 무겁게 웨이트를 착용하여야 한다.

3) 소리의 방향 탐지의 어려움

수중에서는 소리의 전달속도가 육상보다 약 4배 빨라 소리의 방향을 탐지하기 어렵다. 이러한 이유는 물이 공기보다 밀도가 높기 때문에 생기는 현상으로 기차가 오는지 확인하기 위해 밀도가 높은 철로에 귀를 대고 있으면 멀리서도 소리가 들리는 것과 같은 이치이다.

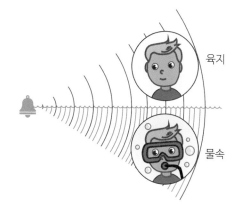

- 육상에서의 소리의 전달 속도 : 320m/sec

- 물속에서의 소리의 전달 속도
  - 바닷물은 15℃일 때 약 1550m/sec
  - 민물에선 15℃일 때 약 1440m/sec

인간의 귀는 육상생활에 적응하여 양쪽 귀에 도달하는 소리의 시간차로 인해 소리의 방향을 알 수 있는데 수중에서는 육상에서 보다 약 4배나 빨리 소리가 전달되므로 양쪽 귀에 도달하는 소리의 시간차가 육상보다 빠르기 때문에 수중에서는 방향 탐지가 어렵다.

만약 수중에서 뱃소리가 커지면 절대로 상승해서는 안되며, 소리가 작아지거나 사라지면 강사나 버디와 함께 안전하게 상승할 수 있도록 주의해야 한다.

4) 물과 빛

빛이 물을 통과할 때 빛의 성질이 변하게 된다. 빛은 물을 투과할 때 반사되며 수면을 통과한 빛은 수중에서 산란, 굴절, 흡수의 현상을 보이게 된다.

(1) 반사(Reflection)

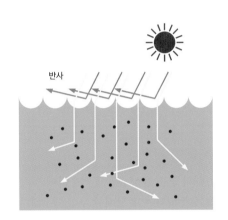

빛의 반사란 빛이 일정한 방향으로 진행하다가 어떤 물체의 표면에 부딪쳤을 때 그 일부가 튕겨 나가는 현상을 말한다. 항상 물속은 물 밖보다 어두운데 그 이유는 빛의 반사 때문이다. 수면을 투과하는 빛은 약 50% 정도이며 파도가 높아질수록 반사면이 커지게 되어 더 많은 빛이 반사되고 수면을 투과하는 빛의 양은 감소하여 물속은 더욱 어둡게 된다. 하루 중 태양이 머리 위에 있는 한 낮에 빛의 반사각이 적고 해가 뜰 때나 해가 질 때는 반사각이 커지게 된다. 반사를 극복하기 위해 수중랜턴을 사용하고, 파도가 적은 때 잠수하거나 많은 빛이 투과되는 오전 10시에서 오후 3시에 잠수를 하는 것이 좋다.

(2) 산란(Diffusion)

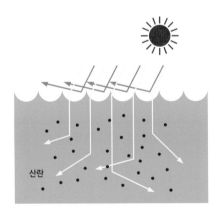

물 속의 먼지, 플랑크톤과 부딪혀서 빛이 흩어지고 시야가 흐리게 되는 현상을 빛의 산란이라고 한다. 산란은 수중에 도달하는 빛의 양을 감소시키고 수중에 도달한 빛을 더욱 퍼트리게 되어 물속을 어둡게 하고 물체의 구분을 어렵게 한다. 서해는 황해라고도 하는데 그 이유는 물의 비중이 높아 황사와 같은 이물질이 물속에 많이 떠 있어서 시야가 흐리기 때문이다. 따라서 서해에서 다이빙을 하거나, 비가 내린 후와 장마철에는 흙이나 먼지가 많이 유입됨으로 주의 해야 한다.

(3) 굴절(Refraction)

빛이 서로 다른 매개체를 통과할 때 그 경계면에서 휘어지는 현상으로 빛은 공기와 매질이 다른 물을 통과 할 때 약 25% 늦어져 굴절현상이 생긴다.

눈에 보이는
거리와 크기　　실물의
거리와 크기

만약 물안경을 착용하고 물속에서 사물을 보면 물과 물안경과 공기를 통해 전달된 빛이 눈에 보이게 되며 각각의 접촉면에서 각 매개체는 서로 다른 밀도를 갖기 때문에 빛의 파형이 굴절되고 그 결과 물체는 25% 더 가깝고 크게 보인다.

초보 다이버는 물체가 크게 보이므로 놀랄 수 있다. 또한 가까운 곳에 있는 물체를 잡을 때 헛손질을 할 수 있다.

(4) 흡수(Absorption)

빛은 파장을 가지고 있는데 우리 인간은 가시광선만 볼 수 있다. 적색 바깥에 있는 적외선과 자색(보라색) 바깥에 있는 자외선의 파장은 눈으로 볼 수 없다.

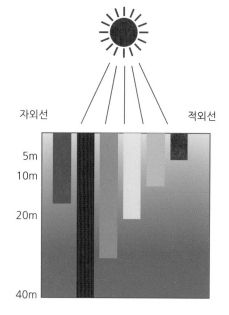

가시광선은 선택적으로 물에 흡수가 되는데 가장 적은 에너지를 갖고 가장 긴 파장을 갖는 붉은색부터 흡수가 시작된다. 붉은색에 이어 주황색, 노랑색이 흡수되며 수심 20m 이상부터는 가장 짧은 파장을 가지고 있는 파랑색 계열만 남아 사물이 푸르게 보인다. 또한 빛의 흡수는 수직뿐만 아니라 수평으로도 일어난다. 그래서 깊은 수중세계의 원래색을 보고 싶거나 수중촬영을 위해서는 인공광원 즉 수중전등을 사용하여야 한다.

한편 형광색은 수중에서 눈에 잘 띈다. 그것은 형광색의 파장은 일반색의 파장과 다르며 보다 짧은 파장이 빛에 의해 자극을 받을 때 빛을 반사(형광)하기 때문이다.

5) 수중에서의 열손실

물은 공기보다 밀도가 약800배나 높아 물은 열전도성이 공기보다 약 25배나 높다. 이런 물의 높은 열 전도율로 인해 80도의 사우나(공기)는 쉽게 들어갈 수 있어도 40도의 탕(물)에는 들어가기 힘든 것이다. 수중에서는 같은 온도라도 대기 중에서 보다 25배나 빨리 체온손실이 발생한다. 수중에서의 체온손실은 저체온증을 유발하므로 이를 예방하기 위해 적절한 슈트를 착용하여야 한다. 또한 다이빙 도중 추위를 느끼거나 몸이 떨리기 시작하면 잠수를 중단하고 몸을 따뜻하게 하여 체온 보호에 신경을 써야 한다.

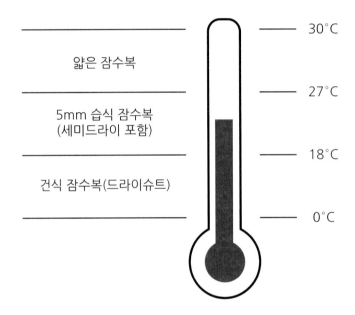

5. 자연환경

삼면이 바다로 둘러싸인 대한민국은 많은 사람들이 바다를 찾아 스킨 스쿠버 다이빙을 즐기고 있다. 자연환경에 대해 배워 봄으로써 보다 즐겁고 안전하게 스킨 스쿠버 다이빙을 즐길 수 있게 될 것이다.

1) 잠수의 형태

① 비치 다이빙

• 해안에서 입출수
• 불편하지만 가장 저렴

② 보트 다이빙

• 보트에서의 입출수 하는 다이빙으로 가장 많이 이용됨

③ 리브 어보드(Live aboard)

• 선박에서 숙식하며 진행하는 다이빙
• 가장 편하지만 가장 비용이 많이 듦

2) 파도(Wave)

잔잔한 물에 돌을 던지면 돌이 떨어진 곳을 중심으로 물이 원을 그리면서 가장자리로 퍼져나가고 수면이 오르내리는 것을 볼 수 있다. 이와 같이 외력에 의해 수면이 오르내리는 것이 파(波)이다.

파도는 주로 바람에 의해 수면에 발생되며 그 진행 방향은 바람의 방향과 일치한다. 또한 파도는 해안의 경사진 면에 부서지면서 그 에너지가 소실된다.

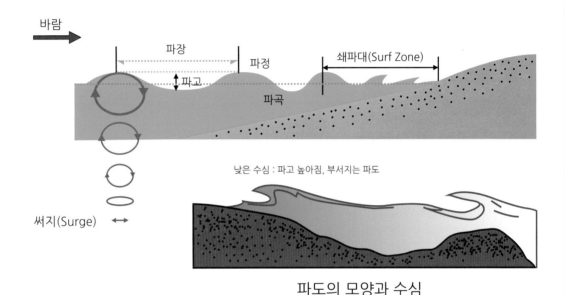

파도의 모양과 수심

- 파정 - 해수면이 상승하여 높아진 파도의 정상 부분을 파정 혹은 파봉, 마루라 한다.

- 파곡 - 해수면이 하강하여 낮아진 파도의 골짜기 부분을 파곡 또는 골이라 한다.

- 파장 - 파정과 파정 사이의 수평 거리를 말한다.

- 파고 - 파정과 파곡 사이의 수직 높이를 말한다.

3) 얕은 물에서의 파도의 변화

파도가 해안으로 접근할 때 수심이 얕아질수록 그 속도는 느려지고 파고는 증가한다. 따라서 이러한 특성 때문에 해안에서는 파도의 성질이 변해 반사, 회절, 굴절, 써지, 쇄파, 파도 밑 흐름과 같은 현상이 발생한다.

(1) 파도의 굴절

해안에서 바다 쪽으로 돌출한 육지를 곶(串)이라 하고 육지 쪽으로 들어간 해안을 만(灣)이라고 한다. 파도가 굴곡이 있는 해안으로 접근할 때 해안(만)에 먼저 도착한 파도는 수심이 얕으므로 그 속도가 느려지지만 수심이 깊은 쪽(곶)은 원래 속도를 유지한다.

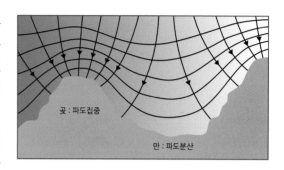

곶 : 파도집중

만 : 파도분산

이로인해 파정을 이은 선이 휘어지게 되는데 이러한 현상을 파도의 굴절이라고 한다. 즉, 곶에는 파도의 힘이 집중되는 반면, 만에서는 분산된다. 따라서 파도가 치는 날에는 파도의 에너지가 집중되는 곶은 피하고 파도의 에너지가 분산되는 만 안쪽이 훨씬 안전하다.

(2) 파도의 반사

해안으로 접근하는 파도의 에너지는 대개 경사진 해안가에서 부서지며 에너지가 소실된다. 그러나 파도가 방파제나 직벽을 만나 부딪치는 경우에는 반사되어 반사파와 진행파의 에너지가 합쳐져서 엄청난 파괴력을 발휘하게 된다.

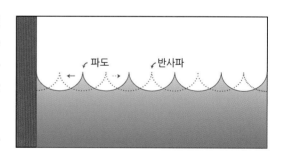

파도   반사파

파도가 심한 날 방파제나 직벽이 있는 곳으로 입출수하면 위험하다.

(3) 파도의 회절

파도가 장애물과 만나 뒤쪽의 그늘진 부분까지 돌아가는 현상을 말한다. 즉, 파도가 높은 날에는 파도가 미치지 않는 지역으로까지 파도가 구부러져 들어가게 된다. 따라서 파도가 높은 날에는 섬의 풍하측 모서리 부분에도 파도의 에너지가 전달되어 위험할 수 있으므로 이러한 곳에서는 물에 들어가지 않도록 주의하고 가급적 파도의 회절로 인한 영향을 받지 않는 곳으로 이동하는 것이 바람직하다.

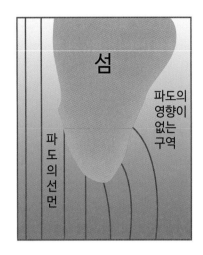

(4) 써지(Surge)

수심이 파장의 ½ 보다 작아지는 곳에서 파도 속 물입자가 원운동을 하지 못하고 앞뒤로 움직이는 현상을 써지라고 한다. 이런 써지는 수심이 얕고 파장이 길 때 잘 발생한다.

써지가 있는 곳에서는 몸이 앞뒤로 휩쓸리게 되며 써지에 의해 흔들리는 해초나 수중의 부유물을 계속 보고 있으면 멀미가 나기도 한다. 써지가 있는 해안에서

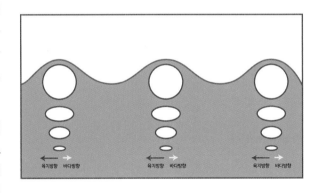

는 써지의 수평 왕복운동으로 인해 바닥에 모래물결자국(연흔)이 생성된다. 연흔은 육지방향의 결정적인 단서가 되기도 한다.

다이빙의 영향으로는 몸이 휩쓸리고 현기증이 유발되며 큰 써지가 있는 곳에선 잠수를 포기하여야 한다. 하지만 약한 써지가 있는 곳에서는 써지의 흐름을 타고 잠수를 하면 색다른 즐거움을 얻을 수 있다.

(5) 쇄파(Surf)

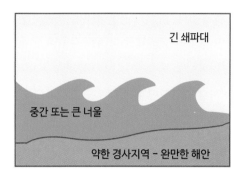

긴 쇄파대

중간 또는 큰 너울

약한 경사지역 – 완만한 해안

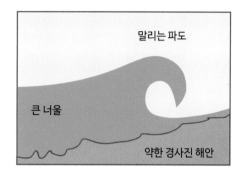

말리는 파도

큰 너울

약한 경사진 해안

해안 가까운 얕은 수심에서 파정이 파곡보다 빨리 진행하며 파도의 끝이 휘말리며 부서지는 현상을 쇄파라고 한다.

쇄파지역은 해안 경사가 완만할수록 넓어지며, 파가 깨어지는 지점부터 해안까지를 쇄파대(Surf zone)라고 한다.

우리나라에서도 서핑을 즐기는 인구가 증가하고 있는데 제주도와 부산 해운대 그리고 양양 등 지역이 쇄파가 발생되는 대표적인 지역이다. 쇄파가 있는 지역에서는 사고가 나기 쉬우므로 주의하고 쇄파가 심한 곳에서는 잠수하지 않는 것이 바람직하다.

4) 일시적인 해류

해류는 주로 수온차, 밀도차에 의해 발생되는 물의 큰 흐름이다. 바다의 물은 해류를 통해 순환하며 표층해류는 열대지방으로부터 극지방으로 열을 전달하여 지구의 열순환과 날씨와 기후에 영향을 미치고 영양분을 분배하며 생물들을 분산시킨다.

일시적인 해류는 때때로 스킨 스쿠버 다이빙을 즐기는 사람을 위험에 빠트리며 주로 바람에 의해 발생한다. 일시적인 해류의 대표적인 종류로는 연안류와 이안류, 찬물의 상승, 파도 밑의 흐름 등이 있다.

(1) 연안류(Long shore current)

파도가 해안으로 비스듬히 접근할 때 생기는 해안과 평행하게 흐르는 해류를 연안류라 한다. 연안류는 바람에 의해 일시적으로 생기는 흐름이다. 연안류는 해안을 따라 흘러가기 때문에 물건을 빠뜨리면 아무리 수중수색을 해도 찾을 수 없게 만들 수도 있다.

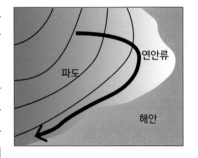

연안류는 다이버를 입수지점으로부터 멀리 이동시켜 엉뚱한 곳에서 출수하게 만든다. 또한 바닥의 앙금, 펄 등을 일어나게 하거나 일어난 펄을 옮기면서 시야를 흐리게 한다. 강한 연안류가 있는 곳에서는 주의해서 잠수하고 연안류의 판단은 해수면 위에 떠 있는 부유물이 흘러가는 정도를 보고 연안류의 유무와 세기 그리고 방향을 확인 할 수 있다.

(2) 이안류(역류, Rip current)

이안류는 해안으로 밀려들어온 물이 평균수위를 유지하기 위해 외해 쪽으로 빠져나가는 빠르고 강한 흐름으로 역류라고도 한다. 이안류의 발생장소는 바위사이의 협곡이 있는 곳이나 해저의 지형적인 요인에 의해 주로 발생된다. 큰 파도가 해안에 접근하게 되면 해안 근처의 수심은 상승하게 되며 이 물은 평균수위를 맞추기 위해 중력에 의해 외해 쪽으로 밀려가게 된다.

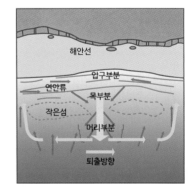

외해로 밀려가던 물이 수중에서 장애물을 만나 장애물과 장애물 사이의 좁은 통로를 지나게 되면 강한 물의 흐름 즉, 이안류가 발생하게 된다.

이안류는 그 폭이 30m 내외로 좁고 길이는 20~500m 이상까지 길고 다양하다.

이안류는 다이버를 외해로 멀리 떠내려 가게 할 수 있으므로 이안류가 자주 발생하는 장소에서는 주의해야 하며 만약 이안류를 확인하고 이안류로부터 벗어나려 한다면 이안류의 흐름을 거슬러 올라가려 하지 말고 흐름의 직각 방향으로 벗어나야 한다. 그 이유는 이안류는 유속이 매우 빠르기 때문에 거슬러 올라가리 힘들고 그 폭이 좁아서 횡방향으로는 쉽게 빠져나갈 수 있기 때문이다.

(3) 찬물의 상승

한여름 냉수대가 올라왔다는 이야기를 들어본 사람이라면 찬물의 상승을 떠올릴 것이다. 해안가의 바람이 장시간 불면 따뜻한 표층수가 외해쪽으로 밀려나가고 이곳을 메우기 위해 심해의 차가운 물이 수심이 얕은 해안가로 올라오는 현상을 찬물의 상승이라고 한다.

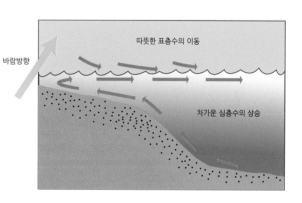

발생원인은 장기간(수일 혹은 수십일) 강한 바람이 해안선과 나란히 불 때(동해안의 경우 남풍, 서해안의 경우 서풍) 에크만의 취송류의 원리에 의해 북반구에서는 지구의 자전으로 인해 바람의 오른쪽 방향으로 물이 이동하게 된다.

다이버에게 미치는 영향은 해안가의 수온이 갑자기 낮아지고 플랑크톤이 많아져 시야가 흐려진다.

(4) 파도 밑 흐름

파도 및 흐름(Backrush)이란 해안가를 덮쳐 들어왔던 물이 다음 주기로 들어오는 파도 밑으로 빠져나가는 흐름이다.

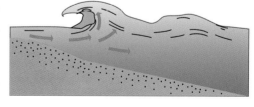

즉, 외해쪽으로 밀려가는 쇄파 밑의 물의 흐름을 말한다. 이 파도 밑 흐름은 다음 주기로 밀려오는 파도와 만나게 되므로 허리 깊이 수심인 약 1m에서 그 흐름이 멈추게 된다.

파도 밑의 흐름이 있는 곳에서는 상체는 밀고 다리는 잡아당기는 물의 흐름이 발생하여 넘어질 수 있다. 따라서 이러한 곳에서는 넘어지지 않도록 주의하고 특히, 수영 미숙자는 익사의 위험이 있으므로 주의해야 한다.

5) 조류(Tidal currents)

조석(Tide)은 태양과 달, 그리고 지구 사이에 작용하는 인력에 의해 해수면이 주기적으로 높아졌다 낮아졌다 하는 현상을 말하며 조석 운동에 의해 발생된 해수의 주기적인 수평적 흐름을 조류라고 한다.

달의 질량은 태양의 질량 보다 훨씬 작지만 달과 지구와의 거리가 태양과 지구와의 거리 보다 훨씬 가깝기 때문에 주로 달의 위치 즉 달의 모양에 따라 영향을 받는다.

사리: 태양,달,지구가 일직선상에 위치할 때 음력 15일, 30일(보름달 또는 초승달) 간만의 차 크고 유속 빠름(大潮)

조금: 태양,지구,달이 직각일 때 음력 8일, 23일(상현 또는 하현) 간만의 차 적고 유속 느림(小潮)조류는 하루에 고조(만조) 2회, 저조(간조) 2회, 그리고 정조 4회로 정조 이후에는 조류의 방향이 바뀌게 된다.

다이빙에 미치는 영향은 사리 때에는 조류가 세고 시야가 흐리기 때문에 서해안이나 일부 남해안에서 다이빙 투어 계획이 있을 때에는 조금부터 이후 3~4일이 적당하다.

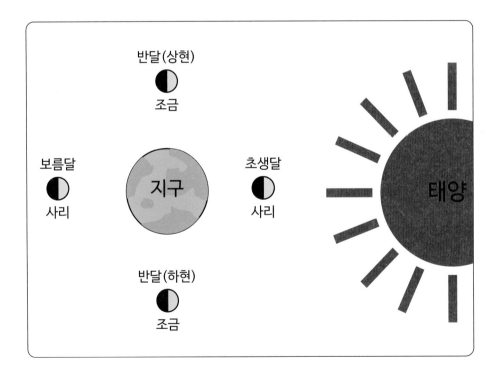

■ 서해안의 조류가 빠른 이유

우리나라 동해안의 경우에 평균 수심이 약 1700m나 된다. 하지만 서해는 평균 수심이 44m로 낮고 가장 깊은 곳도 103m에 불과하다. 수영장에 바가지의 물을 넣거나 뺀다고 물이 크게 줄지나 늘어나지는 않을 것이다. 반면 세수대야에 바가지로 물을 넣거나 뺀다면 크게 줄거나 늘어날 것이다. 또한 만이나 해협 등과 같이 막혀 있는 지형내의 바다에서는 밀물과 썰물의 차이가 커 그 크기가 15.2m나 되는 경우도 있으며 조류의 속도가 10노트(5m/sec)나 될 때도 있다. 인천의 경우는 수심이 낮은 황해와 옹진 반도의 해안선에 의해 조석에너지가 쌓여 밀물·썰물의 차이가 8~10m나 되나 속초는 수심이 깊은 동해와 굴곡이 없는 동해안의 해안선의 영향으로 밀물과 썰물의 차이가 1~2m로 매우 작다. 이러한 이유로 수심이 깊은 동해안은 조차가 클 때도 30cm가 채 안되는 반면, 수심이 얕은 서해안은 평균조차가 8m에 이르는 등 매우 큰 조차를 보인다.

■ 밀물과 썰물

밀물과 썰물은 달과 태양의 인력과 원심력(달과 지구가 회전 운동할 때 생기는 것으로 지구로부터 달아나려고 하는 힘)에 의하여 발생한다. 바닷물이 들어오는 밀물과 바닷물이 빠지는 썰물은 하루에 각각 두 번씩 찾아온다. 즉, 하루에 고조가 2회, 저조가 2회 있으며 물의 흐름이 잠시 멈추는 정조는 4회가 있다. 정조 이후에는 조류의 방향이 바뀌게 된다.

밀물과 썰물은 달과 태양의 인력과 원심력, 즉 달과 지구가 회전 운동할 때 생기는 것으로 지구로부터 달아나려고 하는 힘에 의하여 발생한다. 즉 달 쪽을 향한 바닷물이 달의 끌어당기는 힘에 의해 부풀어 오를 때 반대편 지구의 바닷물은 원심력에 의하여 부풀어 오른다. 예를 들면 우리나라 바다가 밀물이 될 때 지구 반대편 우루과이의 바다 역시 밀물이 된다. 따라서 지구가 하루에 한 번 자전하는 동안 한 번은 인력에 의해서, 또 한 번은 원심력에 의해서 두 번의 밀물이 발생하게 된다.

우리나라는 동해안보다 서해안에서 밀물과 썰물의 차이가 크다. 이러한 이유로 서해바다에서 다이빙을 진행할 때에는 생각했던 것보다 물이 빨리 차오를 수 있기 때문에 조석예보나 물때표 등을 확인하거나 지역주민에게 확인 하는 것이 안전하다.

■ 조금과 사리

달은 음력 한 달을 주기로 지구 주위를 공전하면서 보름과 그믐에 태양, 지구, 달이 일직선 위에 있게 되는데 이때는 태양의 인력이 합쳐지면서 밀물과 썰물의 차이가 가장 크게 되며 '사리'라고 한다. 한편 태양, 지구, 달이 직각으로 배열되는 상현과 하현에는 인력이 상쇄되어 밀물과 썰물의 차이가 작아지는데 이때를 '조금'이라고 한다.

(출처 : 국립해양조사원)

6) 해류가 있는 곳에서의 잠수

해류는 다이버의 진행을 방해하고 뻘을 일으켜서 시야에 영향을 주며 수온에 영향을 많이 받는다. 한겨울 수온이 낮은 때에는 수온이 높을 때보다 해류가 느려져 시야가 비교적 더 잘 보이게 된다.

일반적으로 유속이 1노트(0.5m/초) 이상이면 다이버는 해류를 거슬러 올라가기 힘들다.

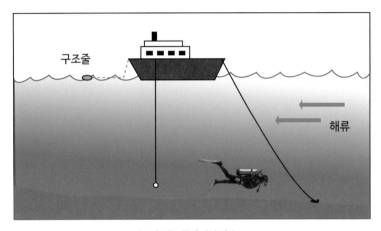

해류가 있는 곳에서의 잠수

해류의 유속이 1노트 이하인 곳에서는 다음과 같이 해류가 있는 곳에서의 잠수기술을 적용하여 다이빙을 진행하는 것이 보다 즐겁고 안전하다.

먼저, 하강 줄을 이용하여 동시에 함께 하강을 하고 잠수의 시작은 해류를 거슬러서 상류쪽으로 진행한다. 이때 바닥에 붙어서 진행하여야 유속도 느리고 수중 시야도 확보가 용이하다. 잠수를 종료할 때에는 상승 후 해류를 타고 되돌아 온다.

만약 유속이 0.5m/초 이상인 곳에서 잠수하려면 특수잠수 중 표류잠수(Drift Diving) 기술이 필요하며 사전에 교육을 꼭 받아야 안전하다.

7) 수온약층(Thermocline)

수온약층이란 수온이 다른 두 물의 경계층이다. 수온약층은 수온에 의한 물의 밀도차이로 인해서 발생되는데, 여름철 증가된 일조량에 의해 수온이 따뜻한 물은 밀도가 낮아져서 수면근처로 올라가고 상대적으로 밀도가 높은 차가운 물은 깊은 곳으로 가라앉는다. 이때 따뜻한 물과 차가운 물이 서로 뒤섞이지 못하고 층을 이루는데 이를 수온약층이라 부른다.

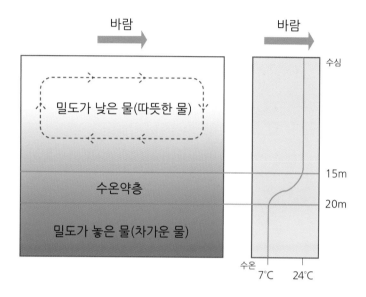

여름철 수심이 깊은 강이나 호수, 바다에서 발생하며 수온약층이 있는 곳에는 아지랑이 현상이 일어나고, 급격한 수온차이가 나며 이 층을 통과하면 수온이 일정한 차가운 물을 만나게 된다. 수온약층은 가을이 되거나 파도에 의해 물이 뒤섞일 때 사라진다.

다이빙에 미치는 영향으로는 수온약층이 존재하는 곳에서 심해 잠수를 하려면 여름철에도 두꺼운 장갑과 후드가 필요하다.

☞ **염분약층(Halocline)**

염분약층은 염도가 다른 두 물이 만나서 경계를 이루는 것을 말한다. 즉 민물과 바닷물이 뒤섞이는 곳에서 염분약층이 발생된다.
염분약층은 수중 시야를 흐리게 하고 방향감각을 잃게 하며 심하면 현기증, 구토, 멀미 등을 유발한다.

Ⅲ. 스킨 스쿠버 다이빙 장비 소개

OPEN WATER
SKIN SCUBA

1. 스킨 다이빙 장비

1) 물안경(mask)

인간의 눈은 수중에서는 육상과 같은 기능을 하지 못한다. 따라서 수중에서는 보고자하는 대상물이 희미해져 버리고 시야도 좁아지게 된다. 이러한 문제점을 해결하기 위해서 고안된 것이 눈 둘레에 공기를 채워 넣어줌으로써 다이버에게 선명한 수중시야를 확보해주는 물안경인 것이다.

| 일안식 | 이안식 | 삼안식 | 배수변 달린 물안경 |

(1) 선택요령

물안경 선택요령은 얼굴 형태가 다 틀리기 때문에 본인의 얼굴에 잘 맞는 물안경을 선택하여야 물속에 들어가서 물이 들어오지 않는다. 만약에 물속에 들어갔는데 물이 자주 들어 오게 되면 대단히 신경을 쓰게 되어 물속의 아름다움을 만끽하지 못하고 망쳐버리는 수가 있다. 수중에서는 사물이 25% 더 가깝고 더 크게 보이기 때문에 어느 정도 시력이 교정되는 효과가 나타난다. 그러나 시력이 아주 나쁜 경우에는 자신의 시력에 맞는 도수 렌즈를 선택하여 갈아 끼워 사용해야 한다. 콘텍트 렌즈를 사용하는 다이버는 마스크 압착시 안구에 무리가 올 수 있으므로 가급적이면 교정용 렌즈가 부착된 물안경을 권장한다. 이러한 이유 등으로 장비 중에서 가장 중요한 것이 마스크 즉 물안경이라고 할 수 있다. 물안경을 선택할 때의 요령은 물안경의 끈을 체결하지 않은 상태에서 가볍게 얼굴에 대고 코로 살짝 들여 쉬었을 때 얼굴에서 떨어지지 않으면 잘 맞는다고 본다.

(2) 김 서림 예방

물안경을 쓰고 잠수하면 코에서 나온 습하고 따뜻한 공기가 외부의 찬 수온에 의해 물안경 유리에 서리가 끼어 잘 보이지 않게 된다. 따라서 물안경을 쓰기 전에 물안경 유리의 안쪽에 침이나 서리제거용 액체 등을 바르고 잠시 후 물로 살짝 닦는다.

새 물안경의 경우 제작과정에서 유리에 유막이 덮여있기 때문에 사용 전 유막제거제나 치약 등을 이용하여 유리 안팎을 잘 닦아내야 한다.

(3) 보관방법

사용 후 민물로 세척한 다음 그늘지고 건조한 곳에 보관하여야 한다. 이동 중에는 케이스에 넣어 깨지는 것을 예방하고 케이스가 없는 경우에는 오리발을 이용하여 보호한다.

여행 중에는 예비 부품으로 수경 끈이나 여분의 마스크를 챙기는 것이 바람직하다.

2) 스노클(Snorkel)

스노클은 스킨 다이빙 시 무거운 머리를 들지 않고 얼굴을 물속에 담근 채 숨을 쉴 수 있으므로 체력 소모를 예방하고 스쿠버 다이빙 시 수면에서 불필요하게 공기를 소모하지 않기 위해 사용한다.

삼안식배수변 없는 스노클   배수변 있는 스노클   드라이형

(1) 선택요령

스노클은 입에 물기 편하고 호흡 저항이 적은 것을 선택하는 것이 좋다.

스노클의 직경은 20mm 정도인 것이 적당하다. 길이는 약 35cm가 적당하나 경우에 따라 40cm가 넘는 제품들도 출시되어 있다. 너무 길면 물은 잘 들어오지 않으나 사강(dead space, 死腔)이라고 불리는 무효호흡 공간이 증가하게 되고 너무 짧으면 사강은 감소하나 물이 쉽게 들어오게 된다. 스노클은 얼굴 윤곽에 맞게 제작되어 이동 중 수류 저항이 적은 부피를 갖는 것이 좋다.

(2) 부착 위치와 보관방법

물안경 끈의 왼쪽에 고정시켜 사용한다. 이는 스쿠버 다이빙 시 사용하는 호흡기가 오른쪽에 위치하기 때문에 혼돈하지 않도록 하기 위함이다.

사용 후 민물로 세척한 다음 그늘지고 건조한 곳에 보관하여야 한다.

3) 핀(Fin)

핀(오리발)을 사용하는 목적은 추진력을 얻기 위함이다. 수중은 밀도가 무려 공기 보다 800배나 높은 환경이기 때문에 핀이 없다면 충분한 추진력을 얻지 못하기 때문에 사용한다.

모양에 따라 끈 조절식(Open heel)과 신발식(Full foot)으로 크게 구별되며, 핀킥이 잘 되지 않거나 무릎이 많이 구부리면서 핀킥하는 다이버가 사용해도 추진력을 얻을 수 있는 가운데가 갈라진 핀(Split fin)도 있다.

재질에 따라 고무 핀과 플라스틱 핀 그리고 혼합형 핀이 있다.

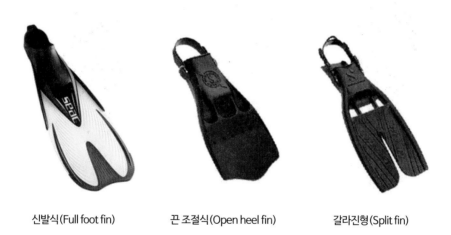

| 신발식(Full foot fin) | 끈 조절식(Open heel fin) | 갈라진형(Split fin) |

(1) 선택요령

오리발은 자신의 발 크기에 맞아야 한다. 너무신발식(Full foot fin) 작으면 발이 끼어 통증이 생길 수도 있다. 그리고 다리의 힘에 맞는 오리발을 선택하여야 한다. 일반적으로 플라스틱 재질은 양성이고 고무 재질은 음성이다. 요즘에는 트림(Trim)자세를 유지하기 위해 용도와 부력에 따라 오리발의 무게를 고려하여 선택하기도 한다.

(2) 보관 및 관리 방법

사용 후 민물로 세척한 다음 그늘에서 건조시킨다. 버클이 달린 끈 조절식 오리발은 반드시 버클을 채워서 오리발 끈과 부속의 분실을 예방하여야 하며 오리발 끈과 버클을 예비 부품으로 가지고 다니는 것이 바람직하다.

4) 잠수복(Diving Suit)

물속에서는 체온의 손실이 공기 중에서보다 무려 25배나 빠르게 진행된다.

따라서 다이버는 최대한 체온의 손실을 막아야 할 필요가 있고, 또한 바위나 어패류, 수중생물로부터 피부의 보호를 위해서도 필요하다.

잠수복은 물이 들어오는 습식 잠수복(wet suit)과 물이 들어오지 않는 건식 잠수복(dry suit)으로 크게 나눌 수 있다.

원피스 습식 잠수복   세미드라이 잠수복   건식 잠수복

(1) 선택요령

잠수복은 기본 잠수장비 중 하나로 수중에서 다이버의 체온을 유지하고 피부를 보호하기 위해 착용하는 장비이다. 따라서 기온과 수온에 따라 적절한 보온력을 갖춘 것을 골라야 하고 몸에 잘 맞는 것 그리고 입고 벗기 편한 것을 선택하는 것이 바람직하다.

(2) 습식 잠수복(wet suit)

습식 잠수복은 잠수복 내부로 소량 유입된 물이 체온에 의해 데워져 체온이 유지되는 잠수복이다. 즉, 잠수복 안으로 들어온 물을 체온으로 데워 따뜻해진 물을 잠수복 안에 가두어서 보온효과를 유지한다. 통상 두께에 따라 10~32℃인 수온에서 사용할 수 있다. 습식잠수복의 재질은 합성고무(네오프렌)로 그 속에 아주 많은 독립된 질소기포들이 들어있다. 이러한 기포들 때문에 물의 유입이 차단되지만 상당한 부력이 생긴다. 또한 이 기포들은 수압을 받으면 작아져 깊이 내려갈수록 잠수복은 얇아지고 부력이 줄어들며 보온력은 감소한다.

(3) 세미 드라이 잠수복(semi dry suit)

네오프렌 원단으로 만들어진 잠수복에 손목 씰과 발목 씰을 달고 지퍼는 방수지퍼를 사용하여 외부의 차가운 물이 잠수복 안으로 들어오는 것을 최소화 한 습식 잠수복의 한 종류이다. 보온력은 습식 잠수복(wet suit)과 건식 잠수복(dry suit)의 중간 정도이나 방수지퍼가 사용되어 다소 팔의 움직임이 부자연스럽고 습식 잠수복 보다는 가격이 약간 비싸다는 단점이 있다.

(4) 건식 잠수복(드라이 슈트, dry suit)

건식 잠수복은 물이 잠수복 안으로 들어오지 않는 잠수복을 말한다. 일반적으로 수온이 13℃이하의 수온에서는 건식 잠수복을 착용하도록 권장하고 있다. 건식 잠수복은 부츠가 일체형으로 잠수복에 부착되어 있고 손목과 목에 있는 방수 씰과 드라이지퍼가 방수역할을 하게 된다. 건식 잠수복은 잠수복 내의 압착과 보온을 위해 반드시 내피를 착용해야 한다. 내피의 두께는 보온력, 수온, 잠수시간 등을 고려하여 적절한 제품을 선택해야 한다. 잠수복 내부의 압착을 해결하기 위해 급기 밸브를 사용하여 추가로 공기를 주입할 수 있고, 배기 밸브는 수중에서 상승 중 팽창되는 기체를 외부로 배출할 수 있다. 건식 잠수복은 별도의 교육을 이수하고 숙달한 후에 사용해야 한다.

(5) 보관 및 관리 방법

습식 잠수복은 사용 후 민물로 세척한 다음 그늘에서 충분히 건조시킨다. 오랫동안 접어두거나 무거운 것에 눌리면 네오프렌이 손상되므로 보관할 때는 폭이 넓은 옷걸이에 걸어두는 것이 좋다.

건식 잠수복은 사용 후 입은 채로 민물로 외부를 세척해야 하며 특히 배기밸브 및 급기밸부 그리고 방수지퍼 부분을 주의 깊게 세척한다. 손목과 목씰은 별도로 깨끗하게 세척하지 않으면 고무가 빨리 삭게 될 수 있으므로 주의한다. 세척 후 거꾸로 매달거나 넓은 옷걸이에 걸어서 보관한다.

5) 잠수용 두건, 신발, 장갑

(1) 잠수용 두건(hood)

잠수용 두건인 후드는 머리를 부상으로부터 보호하고 체온손실을 예방하기 위해 사용한다. 특히, 머리는 신체 부위 중 체온 손실이 가장 많은 부위이므로 반드시 착용하는 것이 좋다.

두께는 수온에 따라 결정하며 너무 크면 보온 효과가 떨어지고 목이 너무 조이면 뇌의 혈액공급이 방해 받아 경동맥 반사가 일어날 수 있으므로 주의해야 한다. 종류는 대부분 분리형이나 잠수복에 일체로 부착된 것도 있다.

(2) 신발(boots)

스킨 또는 스쿠버 다이빙을 할 때 발의 상처 보호와 추위를 방지하기 위하여 신발을 신어야 한다. 수중에서의 체온유지와 수중생물과 수중환경으로부터 다이버의 발을 보호해준다. 부츠를 착용하는데 너무 크면 신발로 물이 들어와 추위에 노출 될 수가 있고 오리발과 맞지를 않아서 킥을 차는데 어려움을 겪을 수가 있다. 또한 부츠가 너무 작으면 말에 피가 통하지 않아 아플 수 있기 때문에 본인의 발에 적당히 맞는 부츠를 선택하여야 한다.

(3) 장갑(gloves)

스킨 다이빙이나 스킨 스쿠버다이빙을 할 때에도 손의 보호와 추위를 방지하기 위하여 잠수 장갑을 착용한다. 초보자들은 부력 조절기능이 부족하여 자주 땅 바닥을 집고 다니는 경우가 있기 때문에 반드시 착용하고 다이빙을 실시해야 한다.

특히, 수온이 차가울 때 가장 먼저 추위를 느끼는 곳이 손가락이기 때문에 손의 보온을 위하여 반드시 착용하여야 한다.

6) 웨이트 벨트(Weight belt)

인간의 몸은 기본적으로 중성부력을 가지고 있다. 그러나 거기에 슈트가 지닌 부력이 더해짐에 따라 다이버를 양성으로 만들어 버리게 된다. 이런 양성부력의 상태를 웨이트를 사용함으로 중성부력으로 만드는 것이다.

허리에 벨트로 착용하거나 부력조절기 주머니에 넣는 것으로 주로 납으로 만들어진 것을 사용한다.

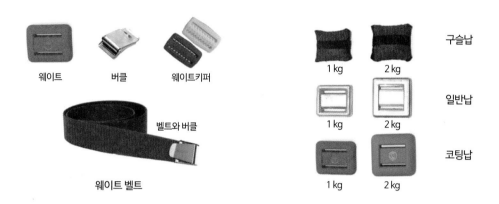

웨이트	버클	웨이트키퍼

웨이트 벨트

벨트와 버클

구슬납 1 kg 2 kg

일반납 1 kg 2 kg

코팅납 1 kg 2 kg

(1) 적정 무게 결정하기

웨이트는 너무 무겁거나 가벼워서는 안 된다. 너무 가벼우면 하강하기 힘들 뿐만 아니라 안전정지 중 수심유지가 곤란하고, 반대로 너무 무거우면 바닥에서 음성부력이 되어 보다 많은 양의 공기를 부력조절기에 넣고 빼야하므로 공기소모량이 많아지고 허리에 부담이 오게 된다. 따라서 적정량의 웨이트를 착용하는 것이 좋다.

적정 무게는 장비를 전부 착용하고 수면에서 숨을 들여 마시면 수면이 눈높이에 떠 있고 내쉬면 약간 가라앉는 정도면 된다.

(2) 웨이트 벨트 착용시 주의사항

웨이트 벨트를 착용할 때는 좌우 균형이 맞도록 하고, 긴급시에는 양성부력 유지를 위해 신속하고 간단하게 풀어 버릴 수 있어야 한다. 웨이트는 몸에 알맞은 무게를 꽉 조여 착용하고 물속 10~20M의 깊이에 들어가면 수압에 의해 잠수복의 두께가 줄어들게 된다. 물속 깊이 하강 하였는데 그대로 다니다가는 웨이트가 허리 밑으로 빠져 버리게 되어 몸이 급상승하게 되므로 매우 위험한 상태에 이르게 된다. 그러므로 하강 후에 제일 먼저 웨이트 벨트를 다시 조여 착용하여야 한다.

2. 스쿠버 다이빙 장비

1) 공기통(Air Tank)

고압의 공기를 저장하여 수중에서도 안전하게 장시간 호흡하기 위해 사용된다.

일반적으로 수영장에서의 공기통의 충전압력 150(bar)

바다에서의 공기통의 충전압력 180~200(bar)

2) 부력조절기(Buoyancy Compensator)

B.C 안에 공기를 팽창 혹은 제거함으로써 수면 위에서는 팽창시켜 휴식을 취하거나 활동을 보다 쉽고 원활히 하게 하여주어 에너지를 절약하게 하여주고, 수중에서는 B.C안의 공기를 조절하여 정확한 중성부력을 유지하게 하여 줌으로써 수중에서의 활동에도 많은 도움을 주는 장치이다.

3) 호흡기(Regulator)

다이버가 수중에서 주위의 주변압력과 같은 압력의 공기를 공급하여 호흡할 수 있도록 하여 주는 장치이다.

호흡기는 매우 민감한 장비임과 동시에 중요한 장비이므로 충격을 주거나 모래나 펄에 떨어뜨려 이물질이 끼지 않도록 주의한다.

사용 후 세척할 때는 먼지마개를 닫고 깨끗한 민물에 담궈서 헹군 뒤 통풍이 잘되는 그늘진 곳에서 건조한다.

주기적으로 분해소제를 하여 정비하고 필터와 소모품을 교체한다.

4) 잔압계(Submersible Pressure Gauge, SPG)

잔압계는 다이버들의 생명과 관계되는 탱크에 남아있는 공기의 잔량을 알려주는 계기이다. 공기통의 잔압이 50bar에 도달하기 전에 상승하여 다이빙을 마치는 것이 좋다.

5) 수심계(Depth Gauge)

수심계는 다이버가 위치한 곳의 수심을 나타내는 장치이다. 수심계는 크게 아날로그 식과 디지털식으로 구분되며 안전한 다이빙을 위해 자주 수심계를 확인하는 습관을 가지는 것이 좋다. 초급(Open water Diver) 다이버는 18m, 중급(Advanced Diver) 이상의 다이버라 할지라도 30m를 초과하지 않도록 주의해야 한다.

6) 나침반(Compass)

수중에서 방향을 유지하는데 도움을 주는 장비이다. 다이버가 진행 방향을 확인하고 지나온 행적을 기억하며 자신의 현재 위치를 알고자 할 때 사용된다.

북(0˚)

7) 잠수 컴퓨터(Dive Computer)

잠수수심과 잠수시간을 측정하여 잠수표를 사용하지 않고도 감압여부 및 감압절차 등을 계산할 수 있는 중요한 잠수 장비이다. 주요 기능으로는 상승속도, 무감압한계시간, 현재수심, 최대수심, 잠수시간, 안전정지, 감압정지, 수온, 비행기 탑승대기시간, 잠수기록 등을 제공한다.

8) SMB(Surface Marker Buoy)

팽창식 수면부의(SMB)로 일명 소시지라고도 불린다. 평소 스풀(Spool)과 함께 사용되며 다이버의 위치와 상황을 수면에 알리는 용도로 주로 사용된다. 주황색은 다이버가 수중에 있음을 알리고 정상으로 상승하는 과정에서 전개하며, 노랑색은 "SOS" 즉 위급상황 시 전개한다.

9) 스풀(Spool)

스풀은 릴에 비해 부피가 작고 값이 싸기 때문에 많은 다이버들이 사용하는 기본장비로 스풀에 감긴 줄 끝에 SMB를 묶어서 수면으로 띄울 때 사용되는 장비이다.

10) 잠수용 칼(Diving Knife)

밧줄, 그물 등을 절단하거나 망치, 지렛대, 자, 톱, 드라이버 등 수중 공구의 역할을 한다. 잠수용 칼을 다리에 차는 경우에는 반드시 안쪽에 차야 한다. 그 이유는 어느 손이든 쉽게 잡을 수 있으며 긴급시 웨이트 벨트를 벗어 버릴 경우 벨트가 떨어지나 걸리는 것을 예방할 수 있기 때문이다.

11) 수중 전등(Diving Light)

바위의 갈라진 틈, 그늘진 곳, 야간 잠수, 동굴 진입, 침몰선 진입, 얼음 밑, 깊은 수심 등 다양한 환경에서 사용되는 기본 장비 중 하나이다. 수중 촬영이 아니더라도 천연색을 보기 위해서도 사용된다.

12) 잠수 가방(Diving Bag)

잠수 장비를 담아서 이동하거나 보관할 때 사용된다. 잠수장비 일체를 모두 담을 만큼 커야 하며 질기고 튼튼하고 비행기에 싣는 가방은 잠금장치가 부착되어야 한다.

잠수 장비를 가방에 담을 때 주의사항으로 잠수복은 맨위에 올려 놓아 다른 장비에 의해 눌리거나 접히지 않도록 야 한다.

*잠수 장비 가방에 담는 순서

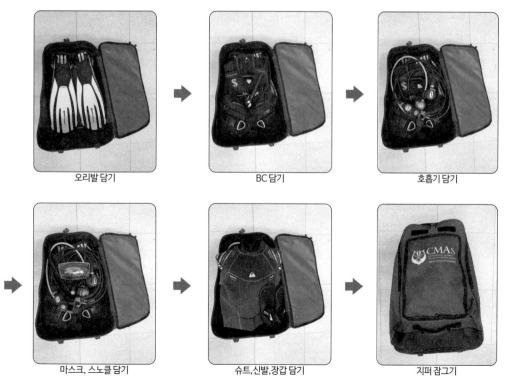

오리발 담기 → BC 담기 → 호흡기 담기

→ 마스크, 스노클 담기 → 슈트,신발,장갑 담기 → 지퍼 잠그기

IV. 스킨 다이빙

OPEN WATER
SKIN SCUBA

1. 스킨 다이빙 장비 착용

1) 잠수복 착용

슈트는 계절과 물 온도에 맞는 슈트를 준비해야 한다. 여름철이라도 비가 온다든가 구름이 끼었다든가 깊은 수심에 들어가면 매우 춥기 때문에 스쿠버의 목적에 맞도록 준비해야 한다.

(1) 종류별 사용 계절

3mm 잠수복 - 국내에는 여름철 착용이 가능(필리핀, 태국, 사이판 등 열대바다 4계절 가능)

5mm 잠수복 - 국내에는 봄 부터 가을철 착용 가능

건식 잠수복(dry suit) - 겨울철에 주로 사용, 내피의 보온력에 따라 사계절 착용 가능

(2) 착용 요령

처음 슈트를 입을 때는 먼저 수온을 고려하여 어떤 종류의 슈트를 입을지 결정한 후 자신의 체형과 체격에 맞는 슈트를 선택하여야 한다. 착용하는 순서는 다음 순으로 한다.

① 착용할 잠수복의 앞 뒤를 확인 후 잠수복을 들고 앉는다.
  - 우리나라에서 사용되는 잠수복은 대부분 등지퍼 방식이다.

② 한쪽 발씩 순서대로 무릎 위쪽까지 착용한다.

③ 양쪽 다리 모두 허벅지 위쪽으로 착용한다.

④ 자리에서 일어나 허리 위 가슴까지 잠수복을 착용한다.

⑤ 한 팔씩 번갈아 가며 넣어 상체를 착용한다.
  - 잠수복 안에 물을 넣거나 물속에서 입으면 더 쉽다.

⑥ 등지퍼를 올려 착용을 완료한다.

⑦ 잠수복 안쪽으로 신발을 착용한다.

■ 슈트 착용 순서

① 잠수복의 앞 뒤를 확인 후
잠수복을 들고 앉는다.

② 한쪽 발씩 순서대로
무릎 위쪽까지 착용한다.

③ 양쪽 다리 모두 허벅지
위쪽으로 착용한다.

④ 자리에서 일어나 허리 위
가슴까지 잠수복을 착용한다.

⑤ 한 팔씩 번갈아 가며
넣어 상체를 착용한다.

⑥ 잠수복 안에 물을 넣거나
물속에서 입으면 더 쉽다.

⑦ 등지퍼를 올려 착용을
완료한다.

⑧ 한쪽 발씩 순서대로
신발을 착용한다.

⑨ 잠수복 안쪽으로
신발을 착용한다.

2) 웨이트 벨트 착용

웨이트 벨트는 긴급할 때 제일 먼저 벗어버려야 할 장비이므로 제일 겉에 착용하여 다른 장비나 끈 밑으로 들어가지 않도록 착용한다.

(1) 웨이트 벨트 착용 준비

웨이트의 무게는 착용하는 장비 특히, 잠수복의 종류에 따라 결정된다.

일반적으로 5mm 잠수복을 기준으로 자신의 체중의 1/10의 무게를 착용한다. 하지만 다이버의 신체조건과 사용장비 그리고 다이빙경력 등에 따라 차이가 날 수 있다.

웨이트 벨트의 길이는 버클을 채운 후 약 15cm 정도 남는 것이 좋다.

(2) 웨이트 벨트 착용 순서

① 버클이 왼쪽에 위치하도록 웨이트 벨트를 자신의 앞 쪽에 가지런히 편다.

② 가지런히 펴 놓은 웨이트 벨트를 넘어간다.

③ 양손으로 웨이트 벨트를 잡고 허리 위에 올려놓는다. 허리를 굽힌 상태에서 착용한다.

④ 똑바로 서서 웨이트 벨트가 잘 착용이 되었는지 확인한다.

　아래로 웨이트가 처지거나 흘러내리면 다시 착용한다.

3) 핀(Fin, 오리발) 착용

(1) 핀 착용 방법

① 오리발을 착용할 때에는 넘어지지 않도록 주의해야 한다. 특히, 스쿠버 장비를 착용 후에는 자칫하면 오리발을 착용하다 넘어져서 부상을 입을 수 있기 때문에 짝의 도움을 받거나 지지물을 잡고 착용하는 것이 좋다.

② 오리발을 착용할 때는 사진과 같이 다리를 4자 모양으로 하고 착용해야 쉽고 안전하다.

(2) 육상에서 핀 착용 후 이동

① 오리발을 착용 후 육상에서 가까운 거리를 이동할 때에는 옆으로 또는 뒤로 이동한다.

② 오리발을 착용하고 앞으로 걷는 것은 힘들 뿐만 아니라 해변의 바위 위에서나 흔들리는 배 위에서는 매우 위험하다. 따라서, 최대한 입수 지점에 가까이 이동한 뒤 오리발을 착용해야 한다.

4) 물안경(Mask) 착용

일단 물속에 들어가면 머리끈의 조정이 어렵기 때문에 육상에서 물안경을 착용해본 뒤 알맞게 조절한다. 물속에 들어가게 되면, 수압 때문에 물안경으로 인한 안면부위 압착이 올 수 있으므로 얼굴에 자국이 남을 정도로 끈의 길이를 너무 세게 조여서는 안되고 벗겨지지 않을 정도로만 조이는 것이 바람직하다.

(1) 물안경 착용 방법

① 안면부 먼저 착용

- 물안경을 안면에 적당히 맞춘 다음 한 손으로 누른 상태에서 다른 한 손으로 머리끈을 뒤로 넘긴 뒤 두 손으로 머리끈과 물안경의 위치를 조정하여 착용한다.

② 끈(strap, 스트랩) 부터 착용

- 물안경 끈을 머리 뒷부분에 위치시킨 후 양손으로 물안경을 잡아 당겨 얼굴에 맞추어 착용한다.

2. 스킨 다이빙 연습

1) 스노클(Snorkel) 사용

(1) 부착 위치

스노클은 물안경의 왼쪽 끈에 고정하여 사용한다.

스쿠버 다이빙 시 호흡기와 혼돈되지 않도록 하기 위함이다.

(2) 스노클 호흡

스노클을 물고 호흡할 때에는 평소보다 길고 깊게 호흡해야 한다. 그 이유는 스노클의 길이 때문에 호흡사강이 길어져서 스노클에 쌓인 이산화탄소를 대기중의 공기와 함께 흡입하지 않도록 하기 위함이다.

(3) 스노클 물빼기 – 1 (불어내기)

스노클 안으로 물이 들어왔을 때 당황하지 않고 물을 뺄 수 있어야 한다.

① 마스크를 착용 후 스노클을 물고 수면에 엎드린다.
② 숨을 길게 들이마신 다음 숨을 멈추고 고개를 숙여 물속으로 들어간다.
③ 스노클이 물에 완전히 잠기면 스노클에 물이 들어간다.
④ 고개를 젖혀 스노클의 끝이 수면 위로 올라오도록 한다.
⑤ 스노클 끝이 수면 위로 올라온 것이 확인되면 입으로 강하게 "투이--"하고 불어낸다.
⑥ 마우스피스로부터 물이 완전히 빠진 때에는 그 자세에서 계속 스노클 호흡을 한다.

만일, 마우스피스로부터 물이 완전히 빠져나가지 않은 때에는 약하게 숨을 들이마신 다음 다시 한 번 가볍게 "투우"하고 불어낸다.

(4) 스노클 물빼기 - 2 (뒤로 젖혀 불기)

이 방법을 사용하면 수면에서 세게 불어내지 않아도 스노클 안의 물이 쉽게 빠진다.

① 수중에서 스노클을 물고 수면으로 상승한다.

② 상승 중 눈은 수면을 바라보며 고개를 뒤로 젖힌다.

③ 수면이 약 30cm 정도로 가까워지면 수면에 도달할 때까지 스노클 안으로 가볍게 계속하여 공기를 불어넣는다.

④ 수면에 도착 직후 고개를 숙여 스노클의 끝은 수면위로 올라오게 하고 입과 코는 물 속에 잠기게 자세를 취하고 스노클 호흡을 한다.

2) 물안경 물빼기(Mask Clear)

(1) 학습 목표

스쿠버 다이빙 중 물안경에 물이 스며들거나, 물안경이 벗겨질 경우 또는 물안경 유리에 성애가 생겼을 경우 수면위로 올라오거나 당황하지 않고 수중에서 물안경 물빼기를 할 수 있어야 한다.

(2) 스킨 다이빙 시 물안경 물빼기

물빼기를 실시하기 전에 물 속으로 코를 담그고 코로 "음 - "소리를 내며 계속해서 공기를 불어내는 연습을 한다. 스노클을 사용하면 입으로 공기를 불어내는 경우가 많으므로 처음에는 스노클을 물지 않고 시작한다.

① 스노클을 물지 않은 상태에서 심호흡하여 공기를 가득 들이마시게 한 다음 허리 깊이의 바닥에 무릎을 꿇고 앉는다.

② 물안경 위 부분을 들어 물이 물안경 내부로 들어오게 한 다음 들었던 윗부분을 다시 놓아 물안경이 제대로 씌워진 상태로 만든다.

③ 고개를 숙여 콧속으로 물이 들어가는 것을 예방한다.

④ 가능하면 양손을 사용하여 양손의 검지로 물안경의 윗부분을 눌러 공기가 밖으로 새나가지 못하도록 하고 양손 엄지로 물안경 아래 부분을 살짝 들어 물안경 안의 물이 공기에 밀려 밖으로 배출되도록 한다. 이 때 물안경 아래 부분을 너무 많이 들지 않도록 주의한다.

⑤ 코로 "음" 소리를 계속해서 내며 코에서 나온 공기가 물안경 안에 갇히도록 한다.

⑥ 눈은 계속해서 뜬 상태로 유지한다.

⑦ 물안경 안의 물이 거의 다 빠질 때쯤이면 고개를 뒤로 젖히어 물안경의 코주머니 속의 물이 흘러내릴 수 있도록 한다.

⑧ 물이 완전히 빠졌을 때는 물안경을 다시 얼굴에 맞게 쓴다.
물이 빠졌을 때 물안경을 빨리 맞게 쓰지 않으면 다시 물이 밀려들어올 수 있다.

⑨ 처음에는 마스크에 물을 조금 채우고, 익숙해지면 물을 가득 채우고 실시한다.

3) 발차기(Fin kick)

(1) 학습 목표

물은 공기 보다 밀도가 약 770배(해수 약 800배)나 더 높기 때문에 물속에서는 저항이 커서 오리발을 착용하지 않으면 앞으로 나아가기 힘들다. 물속에서 유영을 할 때는 대부분 자유형킥이나 평영, 배영 킥을 사용을 하게 된다.

스킨 스쿠버 장비를 착용한 상태에서 킥을 찰 때는 무릎과 발목을 최대한 편 상태에서 효과적인 추진력을 얻을 수 있다.

(2) 자유형 킥(Flutter kick)

가장 많이 사용되는 핀 킥으로 수영의 자유형 발차기와 비슷하다.

수영 발차기 보다 넓고 천천히 차며 오리발이 물 밖으로 나오지 않도록 한다.

무릎을 심하게 구부리면 효과적인 추진력을 얻을 수 없으므로 무릎과 발목을 펴서 발차기 한다.

(3) 평영 킥(Frog kick)

수영의 평영 발차기와 비슷하다. 익숙해지면 매우 편하고 특히 펄이 많은 지역에서 사용하면 바닥의 앙금을 일으키지 않게 된다. 양 발의 뒤꿈치를 엉덩이로 당길 때 발목을 미리 꺾으면 무릎이 심하게 벌어질 수 있으니 주의한다.

(4) 횡영 킥(Side kick)

옆으로 누워서 발차는 것으로 자유형 킥 보다는 넓게 찬다. 한손을 앞으로 뻗어 진행 방향을 번갈아 보며 방향을 유지하며 다른 한손을 옆구리에 붙이고 발차기 한다.

(5) 배영 킥

누워서 발차기하며 수면에서만 사용된다. 수면에서 스쿠버 장비를 착용하고 수영하면 장비의 무게가 다이버를 눌러 핀킥이 어렵다. 그러나 누워서 수영하면 공기통이 수중에 잠기게 되어 핀킥이 쉬워진다. 스킨 다이빙 시에는 머리를 수면에 나오게 하고 발차기 해야 핀킥이 쉬워진다.

(6) 다리 근육 경련 풀기

자신의 다리 힘과 발 크기에 맞지 않는 오리발을 사용하거나 너무 빨리 또는 오래 발차기를 하면 다리에 경련이 일어날 수 있다. 이 때는 당황하지 않고 스노클 또는 호흡기를 입에 물고 있는 상태에서 오리발 끝을 잡고 당겨 스트레칭(stretching)을 통해 경련을 풀어주어야 한다. 잠수 전 준비운동과 잠수 중 여러 가지 핀킥을 사용하면 경련 예방에 도움이 된다.

4) 입수(Entry) 방법

(1) 학습 목표

큰 배나 바위, 작은 보트, 해안이나 수영장 등 다양한 환경에서 안전하게 입수 할 수 있어야 한다.

(2) 입수 전 주의 사항

입수 전 반드시 장비와 수심, 장애물 등을 확인하여야 한다.

(3) 안전 입수

입수지점과 수면과의 높이 차이가 크지 않은 낮은 바위나 수영장에서 사용한다.

① 입수 전 장비를 점검한다.
  (스쿠버 다이빙 장비를 착용한 경우 BC에 공기를 1/3 가량 넣어 부풀린다)

② 수면, 수중의 장애물을 확인한다.

③ 수영장 데크 가장자리에 걸터앉는다.

④ 스킨 다이빙 장비만을 사용할 때에는 스노클을 물고 입수한다.
  (스쿠버 장비를 착용한 상태에서 입수할 때에는 호흡기를 입에 물고 입수한다).

⑤ 입수지시에 따라 몸을 돌려 입수한다.

⑥ 등이 장애물이 없는 쪽을 향하도록 몸을 조금씩 돌린다.

⑦ 몸을 돌렸을 때 균형을 유지하기 위해 양손으로 데크의 바닥을 짚는다. 몸을 돌리는 동안 몸이 보다 원활하게 돌아갈 수 있도록 손으로 짚은 위치를 조금씩 옮겨가며 짚는다. 이때 체중은 데크를 짚은 양팔에 실리도록 한다.

⑧ 몸을 180° 돌리면 자연스럽게 입수가 완료된다.

⑨ 입수가 완료되면 수면에서 마스크, 스노클, 장비를 확인 후 최종 안전이 확인되면 육상의 인원에게 "OK" 신호를 보낸다.

(4) 서서 입수

큰 배나 수위 차가 많은 바위 등에서 입수할 때 사용한다.

① 입수 전 장비를 점검한다.

　(스쿠버 다이빙 장비를 착용한 경우 BC에 공기를 1/3 가량 넣어 부풀린다)

② 수면, 수중의 장애물을 확인한다.

③ 스노클을 입에 물고 오른손으로 마스크와 스노클을 잡아 입수 시 충격에 벗겨지거나 빠져나가는 것을 예방한다. 왼손은 배(웨이트 버클)에 붙인다.

④ 입수지시에 의해 선 자세에서 오른발을 앞으로 크게 내딛듯이 뻗고 왼다리는 가볍게 구부리며 입수한다. 벌린 다리와 핀이 떨어지는 충격을 흡수하여 다이버가 물 속 깊이 가라앉는 것을 예방한다.

⑤ 입수가 완료되면 수면에서 마스크, 스노클, 장비를 확인 후 최종 안전이 확인되면 육상의 인원에게 "OK" 신호를 보낸다.

(5) 뒤로 입수

작은 보트에서 입수할 때 사용되는 입수방법이다.

① 입수 전 장비를 점검한다.

　　(스쿠버 다이빙 장비를 착용한 경우 BC에 공기를 1/3 가량 넣어 부풀린다)

② 수면, 수중의 장애물을 확인한다.

③ 보트의 가장 자리에 걸터 앉아 스노클을 입에 물고 오른손으로 마스크와 스노클을 잡아 입수 시 충격에 벗겨지거나 빠져나가는 것을 예방한다. 왼손은 배(웨이트 버클)에 붙인다.

④ 턱을 당겨 붙이고 몸을 웅크린다.

⑤ 입수지시에 의해 몸을 뒤로 기울여 입수하는데 떨어질 때는 등이 수면에 부딪히도록 한다.

⑥ 가라앉은 몸이 수면에 떠오를 때까지 입수자세를 계속 유지한다.

⑦ 몸이 수면에 떠오르면 수면에서 마스크, 스노클, 장비를 확인 후 최종 안전이 확인되면 물 밖의 인원에게 "OK" 신호를 보낸다.

5) 표면잠수(Surface Dive)

표면잠수는 스킨 장비를 착용하고 수중으로 하강하였다가 상승하는 잠수기술로 머리가 먼저 들어가는 법(Head first surface dive)과 다리가 다리가 먼저 들어가는 법(Feet first surface dive)이 있다.

(1) 주의 사항

표면잠수를 실시하는 동안 귀에 통증이 느껴지기 전에 압력평형을 실시하여야 하고, 만약 압력평형이 안되거나 귀에 통증이 지속된다면 잠수를 중단한다.

(2) 허리굽혀 들어가기

가장 빠르고 가장 많이 사용되는 표면잠수 방법이다.

① 양팔을 곧게 펴서 옆구리에 붙인 자세로 수면에서 유영한다.
② 유영 중 하강지점이 가까워지면 초과호흡을 실시한다.
③ 숨을 참고 허리를 직각으로 굽히며 동시에 양팔을 곧게 편 상태에서 손바닥으로 물을 안듯이 앞으로 뻗어 굽힌 상체와 뻗은 팔이 일직선이 되도록 한다.
④ 허리를 굽힌 상태에서 무릎을 곧게 펴고 양발 끝을 모은다. 핀 끝이 곧게 펴지도록 하여 물구나무서기 하듯이 두 다리를 수면위로 들어올린다.
⑤ 이때 들어 올린 양다리는 곧게 펴서 수면과 직각을 이루며 핀 끝은 곧게 펴서 하늘을 가리키도록 하고 양핀 끝이 겹쳐 다리가 벌어지지 않도록 해야 한다
⑥ 수면 위로 들어 올린 다리의 무게에 의해 다이버는 하강하게 되며 앞으로 뻗었던 팔을 몸 쪽으로 당겨 붙이면서 하강을 속도를 증가시킨다.
⑦ 하강 중 압력균형을 유지한다.
⑧ 바닥에 도착하여 무릎 앉아 자세를 유지하고, 수면에 "OK" 신호를 보낸다.
⑨ 상승 시 고개를 뒤로 젖혀 눈이 수면을 바라보게 하고 오른손은 곧게 펴서 그 끝이 수면을 향하도록 하고 왼손은 가볍게 웨이트 벨트 버클 위에 올려놓는다.
⑩ 핀킥을 하며 수면으로 상승 중 한 바퀴를 돌면서 주변의 장애물 유무를 확인한다.
⑪ 수면에 도착하기 전 뒤로 젖혀 불기를 실시하거나, 수면도착 후 불어내기를 실시하여 스노클 물빼기를 실시한 다음 "OK" 신호를 보낸다.

(3) 한발 들고 들어가기

양손 또는 한 손에 물건을 들어 손을 사용할 수 없을 때 사용하는 표면잠수 방법이다.

① 양팔을 곧게 펴서 옆구리에 붙인 자세로 수면에서 유영한다.

② 유영 중 하강지점이 가까워지면 초과호흡을 실시한다.

③ 하강지점에 도달해서 허리를 직각으로 굽힌다. 허리를 굽힌 상태에서 자연스럽게 무릎과 발목을 편 상태로 한쪽 다리를 수면에 걸치고 나머지 한쪽 다리는 곧게 펴서 수면위로 들어올린다. 이때 들어 올린 다리는 곧게 펴서 수면과 직각을 이루어야 한다.

④ 수면위로 들어 올린 다리의 무게에 의해 다이버는 하강하게 된다.

⑤ 하강 중에 팔을 사용해서는 안 된다.

⑥ 하강 중 압력균형을 유지한다.

⑦ 바닥에 도착하여 무릎 앉아 자세를 유지하고, 수면에 "OK" 신호를 보낸다.

⑧ 상승 시 고개를 뒤로 젖혀 눈이 수면을 바라보게 하고 오른손은 곧게 펴서 그 끝이 수면을 향하도록 하고 왼손은 가볍게 웨이트 벨트 버클 위에 올려놓는다.

⑨ 핀킥을 하며 수면으로 상승 중 한 바퀴를 돌면서 주변의 장애물 유무를 확인한다.

⑩ 수면에 도착하기 전 뒤로 젖혀 불기를 실시하거나, 수면도착 후 불어내기를 실시하여 스노클 물 빼기를 실시한 다음 "OK" 신호를 보낸다.

(4) 쪼그려 들어가기

가장 은밀하게 잠수하는 표면잠수 방법이다.

① 양팔을 곧게 펴서 옆구리에 붙인 자세로 수면에서 유영한다.

② 유영 중 하강지점이 가까워지면 초과호흡을 실시한다.

③ 하강지점에 도달해서 허리를 직각으로 굽히면서 양무릎을 쪼그려 양무릎이 가슴에 와 닿도록 하고 발끝은 다른 잠수와 달리 펴지 않는 자세를 유지한다. 한편 허리를 굽히는 동안 양팔은 팔꿈치를 겨드랑이에 붙인 상태에서 손바닥을 펴서 손바닥으로 물을 끌어안듯이 손을 가슴 쪽으로 끌어당긴다.

④ 몸이 거꾸로 선 상태가 되었을 때 양팔을 아래로 뻗어 물을 끌어당긴다.

⑤ 충분한 깊이가 되었을 때 구부렸던 무릎을 펴면서 핀 끝이 물 밖으로 나오지 않도록 주의한다.

⑥ 하강 중 압력균형을 유지한다.

⑦ 바닥에 도착하여 무릎 앉아 자세를 유지하고, 수면에 "OK" 신호를 보낸다.

⑧ 상승 시 고개를 뒤로 젖혀 눈이 수면을 바라보게 하고 오른손은 곧게 펴서 그 끝이 수면을 향하도록 하고 왼손은 가볍게 웨이트 벨트 버클 위에 올려놓는다.

⑨ 핀킥을 하며 수면으로 상승 중 한 바퀴를 돌면서 주변의 장애물 유무를 확인한다.

⑩ 수면에 도착하기 전 뒤로 젖혀 불기를 실시하거나, 수면도착 후 불어내기를 실시하여 스노클 물 빼기를 실시한 다음 "OK" 신호를 보낸다.

(5) 다리 들어가기

다른 표면잠수와 달리 다리가 먼저 들어가는 표면잠수 방법이다.

수중에 장애물이 있거나 수심이 탁하여 머리부터 내려가기 위험한 상항에서 주로 사용된다.

① 수면에 정지하여 양팔과 양다리를 벌린 채 몸을 수직으로 선 자세를 유지한다.

② 이때 머리가 수면위로 너무 많이 올라와 있으면 수면위로 솟아오르는 힘이 적어지므로 머리는 물 속에 잠기고 스노클만 물위로 올라오게 하여 초과호흡을 한다.

③ 초과호흡을 마치고 벌렸던 양팔과 양다리를 동시에 모으면서 수면위로 힘차게 솟아오른다.

④ 수면 위로 올라 왔을 때의 몸무게에 의해 의해 다이버는 선 자세로 하강하게 된다.

⑤ 이때 팔을 펴서 겨드랑이에 붙이고 다리와 발목도 곧게 펴 핀 끝이 바닥을 향하도록 하며 다리가 벌어지지 않도록 한다.

⑥ 솟아올랐다 다시 가라앉기 시작한지 1-2초가 지나 하강하는 힘이 떨어지면 겨드랑이에 붙었던 손을 틀어 양손바닥으로 물을 밀어 올릴 수 있도록 양팔을 옆으로 뻗어 머리 위에 모은다.

⑦ 다시 하강하는 힘이 떨어지면 쪼그려 들어가기 자세로 머리부터 하강하여 바닥까지 하강한다. ①~⑥번 동작까지 다이버는 계속 선 자세를 유지해야 한다. 하강 중 압력균형을 유지한다.

⑧ 바닥에 도착하여 무릎 앉아 자세를 유지하고, 수면에 "OK" 신호를 보낸다.

⑨ 상승 시 고개를 뒤로 젖혀 눈이 수면을 바라보게 하고 오른손은 곧게 펴서 그 끝이 수면을 향하도록 하고 왼손은 가볍게 웨이트 벨트 버클 위에 올려놓는다.

⑩ 핀킥을 하며 수면으로 상승 중 한 바퀴를 돌면서 주변의 장애물 유무를 확인한다.

⑪ 수면에 도착하기 전 뒤로 젖혀 불기를 실시하거나, 수면도착 후 불어내기를 실시하여 스노클 물 빼기를 실시한 다음 "OK" 신호를 보낸다.

Ⅴ. 스쿠버 다이빙

OPEN WATER
SKIN SCUBA

1. 스쿠버 다이빙 장비 착용

1) 스쿠버 장비 결합 및 해체

스쿠버 다이빙 장비는 잠수를 하기 전에 결합해서 사용하고 잠수가 종료되면 해체해야 한다. 만약 장비를 잘못 결합하면 잠수 중 불편함을 느끼거나 위험한 상황에 처할 수도 있다. 따라서 다이버는 장비를 정확하게 결합하고 해체할 수 있어야 한다.

(1) 스쿠버 장비 결합

① 공기통 밸브 O링의 상태를 확인한다.

② 밸브를 살짝 열어 공기통 안에 공기의 냄새를 맡아 상태를 확인한다.

③ 공기통 밸브의 손잡이가 오른쪽으로 향하도록 공기통을 앞에 위치시킨다.

④ 부력조절기(BC)를 물에 적신 후 공기통에 부력조절기의 이탈 방지끈을 걸친다.

⑤ 부력조절기(BC)의 전면부가 자신의 앞쪽에 위치하도록 한 상태에서 실린더에 끼운다.

⑥ 공기통 밸브 윗부분과 부력조절기의 목부분의 위치가 같도록 높이를 조절한 후 결합한다.

⑦ 부력조절기가 공기통에 고정되었는지 확인을 위해 부력조절기의 어깨끈을 잡고 들어본다.

⑧ 공기통에 호흡기 연결 전 호흡기가 오른쪽에 위치하도록 방향을 확인한다.

⑨ 먼지마개를 제거하고 호흡기 잠금나사를 세손가락 힘으로 돌려 공기통 밸브에 연결한다.

⑩ BC호스를 공기자동주입기(Inflator)에 연결한다.

⑪ 공기통 밸브를 열기 전 잔압계의 눈금이 '0'인지 확인 후 잔압계를 지면으로 향하고 호흡기 누름단추(퍼지버튼)를 살짝 누른 상태에서 공기통 밸브를 열어준다.

⑫ 밸브를 완전 개방 후 반대 방향으로 반바퀴 정도 돌리고 잔압을 확인한다.

⑬ 호흡기와 부력조절기의 작동상태와 이상유무를 확인한다.

장비준비	'O'링 확인	냄새 확인
BC 등판 물적시기	높이 확인 후 체결	부착 확인
호흡기 방향 오른쪽	먼지마개 제거	세손가락으로 결합
인플레이터 호스 결합	잔압계 'O' 확인	공기통 밸브 개방
밸브 완전 개방 후 반바퀴 잠금	호흡기 작동상태 확인	BC 작동상태 확인

(2) 스쿠버 장비 해체

① 공기통을 세운 상태에서 BC에 공기를 가득 넣는다.

② 공기통 밸브를 잠근다.

③ 호흡기 이단계이 누름단추(퍼지버튼)를 눌러 호흡기 내부와 호스의 공기를 배출시킨다.

④ 부력조절기(BC)의 호스를 분리한다.

⑤ 호흡기 잠근나사를 돌려 공기통 밸브와 분리한다.

⑥ 먼지마개의 물기를 입으로 불어서 제거 후 먼지마개를 다시 호흡기 1단계에 씌우고 고정한다.

⑦ 호흡기를 완전히 해체한 뒤 부력조절기와 공기통을 분리한다.

⑧ 부력조절기를 거꾸로 들고 공기 배출기를 눌러 부력조절기 안에 있는 물을 배출시킨다.

⑨ 해체가 모두 완료되면 민물에 장비를 세척한다.

⑩ 세척한 장비는 통풍이 잘되는 곳에 넣어 건조시킨다.

BC 공기주입	공기통 밸브 잠금	잔압 제거
인플레이터 호스 분리	호흡기 분리	먼지마개 물기제거
먼지마개 결합	호흡기 분리 후 정리	BC 분리
인플레이터를 이용 물 배출	덤프밸브를 이용 물 배출	장비 건조

2) 스쿠버 장비 입기

장비 입기에는 짝의 도움을 받아 입는 방법, 혼자서 입는 방법, 물위에 띄워놓고 입는 방법 등 다양한 방법이 있다.

장비 입기는 수영장 교육이나 잠수 풀에서 배운 여러 가지 방법 등을 골라 현장 상황에 알맞은 방법을 선택하여 입도록 한다.

(1) 짝의 도움을 받아 장비 입기

① 웨이트 벨트를 착용 후 장비 앞에 무릎을 꿇고 앉아 양팔을 부력조절기(BC) 어깨끈에 끼운다.

② 짝(보조자)은 뒤에서 공기통을 들어 올려 일어서게 한다.

③ 일어서서 어깨끈을 잡아당겨 조여준다.

④ 부력조절기의 허리끈과 버클을 체결 후 어깨끈을 다시한번 조여준다.

⑤ 짝과 함께 장비 착용상태를 확인한다.

(2) 혼자 장비 입기

장비를 착용할 때는 짝의 도움을 받아 입는 것이 안전하지만 부득이하게 혼자서 멜 때는 무릎을 꿇고 앉아서 지게를 지듯이 메는 것이 안전하다. 만약 선반이나 튼튼한 지지대가 있다면 그 위에 장비를 올려놓고 입는 것도 좋다.

(3) 입수 전 장비 점검

입수 전 장비 착용상태와 작동상태를 점검하면 장비문제로 인한 안전사고를 미연에 예방할 수 있다. 장비 착용상태는 위에서 아래, 우측에서 좌측으로 검사하며 먼저 짝이 검사하고 입수 직전에는 다이브 마스터나 강사가 다시한번 검사한다.

물안경, 호흡기 비상호흡기, 잔압 계, 수심계, 나침반, 웨이트 벨트, 오리발 순으로 검사한다.

특히, 공기통 밸브를 개방하였는지, 두고 온 장비는 없는지 항상 꼼꼼하게 확인하는 습관을 드리는 것이 좋다.

2. 스쿠버 다이빙 기초 기술

1) 호흡기 호흡

초보자는 입으로만 숨을 쉬는 것이 어려울 수 있다. 익숙해질 때까지 허리정도의 수심에서 여러 가지 방법을 통하여 호흡의 연습을 하여 본다.

첫째, 물 밖에서 1분간 호흡기를 물고 숨을 쉬어본다.

둘째, 물속에서 호흡기를 물고 1분간 숨을 쉬어본다.

셋째, 물속에서 호흡기를 뺏다가 다시 물고 물빼기 후 호흡하기를 10회 정도 실시한다.

넷째, 물속에서 마스크 물빼기를 10회 정도 실시한다.

다섯째, 물속에서 마스크를 이마 위에 올려놓고 1분간 호흡을 하면서 코에 물이 들어가지 않도록 한다.

이러한 훈련을 통해 당황하지 않고 호흡기를 물고 숨을 쉴 수 있다.

2) 부력조절기(BC) 공기 주입과 배출

초보자는 부력조절기에 공기를 너무 많이 넣거나 **빼는** 경우가 많다. 부력조절기의 공기 주입과 배출을 익숙하게 할 수 있도록 연습을 하여 본다.

(1) 부력조절기 공기 주입

① 왼손으로 왼쪽 어깨 부분에 있는 부력조절기의 인플레이터 호스를 찾는다.

② 인플레이터 호스를 따라 내려와 공기 조절장치를 잡는다.

③ 엄지로 공기 주입버튼을 눌러 부력조절기 내에 공기를 주입한다.

④ 공기 주입 시 짧게 여러 번 나눠서 반복적으로 주입하는 연습을 해본다.

(2) 부력조절기 공기 배출

① 왼손으로 왼쪽 어깨 부분에 있는 부력조절기의 인플레이터 호스를 찾는다.

② 인플레이터 호스를 따라 내려와 공기 조절장치를 잡는다.

③ 몸을 세운 상태에서 검지로 아웃버튼을 눌러 부력조절기 내에 공기를 배출한다.

④ 이때 시선은 공기 조절장치를 향해 공기가 배출되고 있는지 눈으로 확인해야 한다.

3) 호흡기 찾기

스쿠버 다이빙 중 수중에서 호흡기가 입에서 빠지면 당황하지 않고 호흡기를 찾아 물고 물빼기 할 수 있어야 한다. 호흡기 찾기의 방법에는 기울여 찾기와 일단계부터 찾기가 있다. 초보다이버가 호흡기 찾기 중 특히 주의해야 할 점은 호흡기를 입에서 떼었을 때에도 입으로 공기를 조금씩 배출해야 한다는 것이다.

(1) 호흡기 기울여 찾기

① 실습 전 왼쪽 무릎을 세운 무릎 앉아 자세를 유지한다

② BC에서 공기를 배출하여 약한 음성부력을 유지한다.

③ 숨을 들이마신 다음 오른손으로 호흡기를 입에서 떼어 놓는다.

④ 호흡기를 입에서 떼었을 때에도 입으로 공기를 조금씩 계속해서 배출해야 한다.

⑤ 상체를 오른쪽으로 45° 기울인다.

⑥ 오른 손이 오른쪽 허벅지를 스치면서 다시 엉덩이 뒤쪽으로 뻗는다.

⑦ 뒤로 뻗은 손을 안에서 밖으로 원을 그리듯 돌려 호흡기 호스가 오른팔 안쪽에 걸리게 한다.

⑧ 오른 팔에 걸린 호흡기를 왼손으로 잡아 입에 문다.

⑨ 호흡기를 문 다음 물빼기(불어내기 또는 누름단추를 이용)를 실시한다.

⑩ 호흡이 편해지면 'OK' 신호를 보낸다.

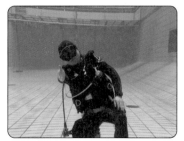

(2) 일단계부터 찾기

호흡기 호스가 공기통 밸브에 걸려 반대편으로 넘어가 있을 때에는 기울여 찾기로 호흡기를 찾을 수 없다. 이때에는 호흡기 일단계 부터 찾을 수 있어야 한다.

① 실습 전 왼쪽 무릎을 세운 무릎 앉아 자세를 유지한다

② BC에서 공기를 배출하여 약한 음성부력을 유지한다.

③ 숨을 들이마신 다음 오른손으로 호흡기를 입에서 떼어내어 오른쪽 어깨 뒤로 넘긴다.

④ 호흡기를 입에서 떼었을 때에도 입으로 공기를 조금씩 계속해서 배출해야 한다.

⑤ 양손으로 부력조절기 어깨끈 상부를 잡아 위로 들어 올리면서 상체를 약간 앞으로 숙인다.

⑥ 왼손은 계속해서 어깨끈을 잡아 올리고 있고 오른손은 머리뒤로 호흡기 일단계를 찾는다.

⑦ 오른쪽으로 호흡기 일단계에서 뻗어나간 호스를 잡아 끝까지 따라 온다.

⑧ 이렇게 호흡기 이단계를 찾아 찾은 호흡기를 오른손으로 잡아 입에 문다.

⑨ 호흡기를 문 다음 물빼기(불어내기 또는 누름단추를 이용)를 실시한다.

⑩ 호흡이 편해지면 'OK' 신호를 보낸다.

4) 하강

처음 스쿠버다이빙을 배울 때 가장 무서워하는 훈련 중 하나이다. 너무 하강 속도가 빠르면 귀의 통증과 부비동 압착 등이 발생할 수 있으며 짝 유지 실패와 방향을 잃어 버리는 등의 문제가 발생할 수도 있다. 그렇기 때문에 하강은 가장 늦게 내려가는 짝의 속도에 맞추어야 하며 반드시 선 자세로 하는 것이 좋다.

하강방법에는 경사면을 따라 하강, 하강줄 잡고 하강, 보조물(하강줄) 없는 하강 등의 방법이 있다.

(1) 경사면을 따라 하강

해안이나 섬에서 잠수할 때 주로 사용되는 하강 방법이다. 이 방법으로 하강하면 자신이 내려가는 방향과 수심을 알기 쉽고, 붙잡을 수 있는 것이 많으므로 하강속도의 조절에도 유리하다. 하강 중 주기적으로 압력균형을 실시하고, 수심이 깊어 짐에 따라 부력조절기의 공기를 조금씩 주입하여 목표 수심에 도달하였을 때 중성부력을 유지한다.

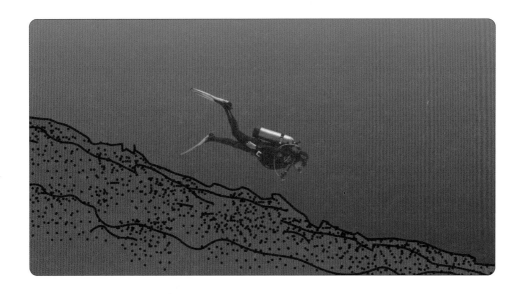

(2) 하강줄 잡고 하강

가장 안전한 하강 방법이다. 경사면이 없을 때에는 하강줄을 설치하여 하강한다. 이 방법은 하강 속도를 유지하기 쉽고 정확한 지점으로 하강할 수 있으며 짝과 헤어지는 것을 방지할 수 있다. 하강 시작은 부력조절기에서 공기를 배출시키며 시작하고 몸을 수직으로 세운 자세로 내려간다. 하강 중 주기적으로 압력균형을 실시하고, 하강 중에는 짝과 마주보며 가장 늦게 내려가는 짝의 속도에 맞추어 하강한다.

(3) 보조물(하강줄) 없는 하강

이 방법은 가장 힘든 하강방법으로 자유하강 이라고도 한다. 경험이 많은 숙련된 다이버들은 하강 줄이나 경사면을 이용하지 않고도 편하고 안전하게 하강할 수 있다. 하강 중 몸의 자세는 발차기를 할 수 있는 자세(가위차기)를 취한다. 이러한 자세는 하강속도가 빠를 때 발차기를 통해 하강 속도를 늦추는데 용이하다. 그럼에도 불구하고 하강 속도가 빨라지면 부력조절기(BC)에 공기를 조금씩 넣으며 하강속도를 줄인다. 하강 중 주기적으로 압력균형을 실시하고, 하강 중에는 짝과 마주보며 가장 늦게 내려가는 짝의 속도에 맞추어 하강하며 바닥에 도착하기 전에 중성부력이 유지되도록 부력을 조절한다.

5) 상승

상승 방법은 안전사고를 예방하기 위해 꾸준히 연습해야 한다. 다이버는 잠수 후 수면으로 상승할 때 숨을 절대로 참지 말아야 하고 상승 중 수심 5m에 도달하면 3~5분간 안전정지를 해야 한다. 또한 상승 속도를 9m/분 속도로 유지해야 한다. 상승법에도 경사면을 따라 상승하기와 상승줄을 이용한 상승하기 그리고 보조물이 없이 상승하기 등의 상승방법이 있다.

(1) 경사면을 따라 상승

해안이나 섬에서 잠수할 때 주로 사용되는 상승 방법이다. 이 방법은 자신이 상승하는 방향과 수심을 알기 쉽고, 붙잡을 수 있는 것이 많으므로 상승속도의 조절에도 유리하다. 또한 경사면을 따라서 상승하면 상승 중 볼거리가 많아서 지루하지 않다. 상승 중 주기적으로 부력조절기의 공기를 배출하여 급상승을 예방하고, 5m수심에 도달하였을 때 3~5분간 안전정지를 실시한다.

(2) 상승줄 잡고 상승

가장 안전한 상승 방법이다. 상승줄을 잡고 상승하는 것만으로 상승속도 유지와 급상승 예방 그리고 5m 수심에서 안전정지를 쉽고 편하게 진행할 수 있다. 상승 중 부력조절기에서 공기를 주기적으로 조금씩 배출하고 분당 9m의 상승속도를 유지하며 상승하다 5m 수심에서 3~5분간 안전정지한다.

(3) 보조물(상승줄) 없는 상승

이 방법은 가장 힘든 상승방법으로 자유상승 이라고도 불리우는 고급자 상승법이다. 경험이 많은 숙련된 다이버들은 상승줄이나 경사면을 이용하지 않고도 편하고 안전하게 상승할 수 있다. 상승 중에는 수심과 잔압을 수시로 확인하며 상승 중 부력조절기의 과팽창으로 인한 급상승을 예방하기 위해 필요시 조금씩 공기를 배출시켜야 한다. 혼자서 상승할 때는 장애물 유무를 살피며 돌면서 상승하고 짝과 함께 상승할 때는 서로 마주보며 상승을 진행한다. 분당 9m의 상승속도를 유지하며 상승하다 5m 수심에서 3~5분간 안전정지 후 수면에 도착하면 부력조절기에 공기를 주입하여 양성부력을 확보한다.

6) 중성부력

부력조절을 잘하는 다이버는 보다 안전하고 자유롭게 수중세상을 만끽할 수 있다. 수면에서는 양성부력, 하강 중에는 약간의 음성부력 그리고 수중에서는 중성부력을 잘 유지할 수 있어야 한다. 적정한 웨이트를 착용하였을 때 숙련된 다이버는 큰 부력의 조절은 부력조절기로 하고 정밀한 부력조절은 자신의 호흡으로 할 수 있게 된다. 따라서 숙련된 다이버는 과도한 핀킥이나 헛손질을 하지 않고 이로인해 체력소모와 공기의 낭비를 예방할 수 있다.

중성부력을 훈련하는 방법에는 기울여 떠있기와 중간에 떠있기가 있다. 훈련 중 숨을 가득 들이쉰 상태에 너무 오래 기다리지 않도록 주의한다. 폐가 과다하게 팽창하지 않게 숨을 참고 상승하면 안된다.

(1) 기울여 떠있기

① BC에 공기를 완전히 뺀 상태를 유지한다.

② 다리를 어깨 넓이 보다 약간 넓게 벌린 상태에서 양무릎을 펴고 핀 끝이 바닥에 닿도록 바닥에 엎드린다. 이 때 양팔은 가볍게 옆구리에 붙인다.

③ 숨을 깊이 들이마신 다음 1-2초간 기다려 본다.

④ 숨을 들이마신 다음 상체가 바닥에서 뜨기 시작하면 잠시 기다려 바닥과 45°를 유지하도록 한다. 이때 너무 오래 숨을 참고 떠오르지 않도록 주의한다.

⑤ 숨을 들이마시고 기다렸는데도 몸이 바닥에서 뜨지 않으면 공기주입기(inflater)를 사용하여 BC에 공기를 주입하고 다시 한번 숨을 들이마시고 기다려 본다.

⑥ 몸이 45°를 유지하면 숨을 길게 내쉬어 몸이 다시 바닥에 가라앉도록 한다.

⑦ 반대로 숨을 조그만 들이마셔도 몸이 떠오르면 공기배출기(deflater)를 사용하여 BC에 공기를 배출하고 다시 한번 숨을 내쉬고 기다려 본다.

⑧ 위와 같이 바닥으로 가라앉았다가 다시 45°로 뜨기를 수차례 반복한 다음 오랫동안 바닥과 45°가 유지되도록 연습을 한다.

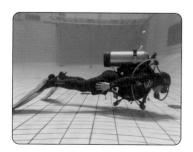  

(2) 중간에 떠있기

① 기울여 떠있기를 완벽하게 익힌 경우 중간에 떠있기 연습을 시작한다.

② 처음에는 양팔을 벌리고 다리는 쭉 뻗은 자세로 발차기를 하지 않고 중간에 떠있는 연습을 해본다.

③ 숨을 천천히 들이마시고 1-2초간 기다려 본다. 숨을 들이마셨는데도 몸이 뜨지 않으면 BC에 공기를 약간 주입한다.

④ 만일 몸이 뜨기 시작하면 숨을 천천히 내쉬고 기다린다.

⑤ 반대로 숨을 내쉬어도 몸이 가라앉지 않으면 BC에서 공기를 약간 배출시킨다.

⑥ 약 2-3회 정도 호흡만으로 바닥에서 1m 정도 떴다 가라앉았다 반복한다.

⑦ 호흡만으로 자유롭게 바닥에서 2m 정도를 유지하며 중간에 떠있기 연습을 한다.

⑧ 만일 높이를 기준으로 삼을 만한 것(사다리, 수영장 타일의 선 등)이 있으면 그곳에 눈높이를 맞추어 떠있는 연습을 해본다.

⑨ 중간에 떠있는 동안 숨을 참지 말아야 한다.

⑩ 익숙해지면 가부좌 자세로 중간에 떠있는 연습을 해본다.

7) 수중 장비 탈착

짝의 도움을 받을 수 없는 상황에서 장애물에 장비가 걸렸을 때 당황하지 않고 안전하게 벗어 날 수 있는 능력을 배양하기 위해 필요한 과정이다. 이 훈련을 통해 다이버는 수중에서 침착성, 담력, 자신 감, 장비에 대한 믿음을 가질 수 있게 되어 보다 안전한 다이빙을 할 수 있게 된다.

(1) 웨이트 벨트 벗었다 차기

수중에서 웨이트 벨트가 장애물에 걸려 풀리거나 또는 웨이트 벨트를 수중에서 다시 조절해야 할 필 요성이 있을 때 당황하지 않고 다시 웨이트 벨트를 착용하려면 평소에 웨이트 벨트를 벗었다 착용할 수 있는 연습을 해야 한다.

① 바닥에 한쪽 무릎을 세우고 앉아 BC에서 공기를 완전히 배출시킨다.

② 자신의 웨이트 벨트를 풀어 허벅지위에 올려놓는다.

③ 오른손으로 웨이트 벨트의 버클이 없는 끝부분을 잡고 바닥에 엎드린다.

④ 웨이트 벨트를 잡은 오른 손을 오른쪽 허벅지 하단부에 붙인다.

⑤ 웨이트 벨트가 바닥에 늘어지게 한 다음 오른쪽 어깨가 먼저 바닥으로 향하게 하는 방향으로 천 천히 한 바퀴 돈다.

⑥ 바닥에 엎드린 상태에서 양손으로 허리에 감긴 웨이트 벨트를 조여 착용한다.

(2) 스쿠버 장비 옆으로 벗었다 입기

① 바닥에서 왼쪽 무릎 앉아 자세를 유지하며 BC에서 공기를 완전히 배출시킨다.

② 오른손으로 왼쪽 어깨띠를 늘이고 왼손을 왼쪽 어깨띠에 팔꿈치까지 끼운다.

③ 오른손으로 허리버클과 허리끈을 푼다.

④ 오른손을 뒤로 옮겨 BC의 오른쪽 하단부를 잡은 뒤, 왼손으로 오른쪽 어깨띠를 당겨 공기통이 앞쪽으로 오도록 한다.

⑤ 공기통의 밸브부분을 왼손으로 잡고, 오른손은 어깨띠에서 빼내어 공기통의 몸통부분을 잡아 공기통의 뒤쪽부분이 자신의 몸 앞쪽으로 오도록 하여, 몸 중앙에 세운 뒤 왼손으로 잡고 문제를 해결한다.

⑥ 오른 손을 오른쪽 어깨띠에 끼우고 BC의 오른쪽 하단부를 잡는다.

⑦ 공기통을 몸 뒤쪽으로 이동시킨다.

⑧ 왼손으로 BC 왼쪽 등받이 부분을 잡아 공기통을 몸에 붙인다.

⑨ 오른손으로 왼쪽 허리띠를 잡아 당긴다.

⑩ 왼쪽 팔꿈치를 왼쪽 어깨띠에 집어넣는다.

⑪ 양손으로 허리끈과 허리버클을 착용한다.

⑫ 늘였던 부력조절기의 어깨끈을 몸에 맞게 조인다.

(3) 스쿠버 장비 머리 위로 벗었다 입기

① 바닥에서 왼쪽 무릎 앉아 자세를 유지하며 BC에서 공기를 완전히 배출시킨다.

② 양쪽 어깨띠를 늘인다.

③ 왼손으로는 BC 어깨끈을 잡아 등에 장비가 밀착되게 유지하고 오른손으로 허리버클과 허리끈을 푼다.

④ 양손으로 탱크를 잡고, 장비를 머리위로 들어 올리면서 앞으로 벗는다.

⑤ 등판이 수면을 향하도록 하고 전면에 놓는다. 이 때 왼손은 반드시 탱크밸브를 잡고 있어야 한다.

⑥ 장비를 다시 입을 때에는 양 팔꿈치를 어깨띠에 끼우고 호흡기 호스가 오른팔 겨드랑이 안쪽에 오도록 확인한다.

⑦ 양손으로 탱크밸브를 잡고 공기통을 들어 머리 위로 올린 다음 뒤집어쓰듯 공기통을 등 뒤로 넘긴다.

⑧ 고개를 뒤로 살짝 젖히어 탱크밸브가 뒤통수에 밀려 공기통이 등 뒤에 붙도록 한다.

⑨ 양손을 번갈아 가며 양쪽 허리띠를 잡아 허리띠를 채운다.

⑩ BC의 늘였던 어깨 끈을 조인다.

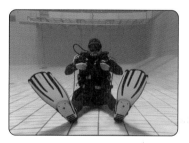

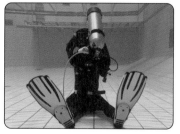

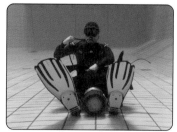
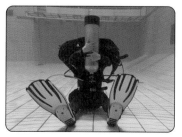

8) 비상 상승

만약 잠수 중 공기가 고갈되거나 호흡기에 문제가 생기면 매우 위험한 상황에 처하게 된다. 이때 당황하여 숨을 참고 수면으로 상승할 경우 더 큰 문제를 야기 시킬 수 있기 때문에 비상상승 방법을 숙달하는 것은 매우 중요하다.

짝이 없을 때 혼자서 하는 독립 비상 상승에는 비상수영 상승과 긴급부력상승 등이 있고, 짝이 옆에 있는 경우에 짝과 함께 하는 의존 비상상승에는 짝호흡 상승과 비상호흡기 사용 상승이 있다.

(1) 비상수영상승

공기가 떨어진 상황에서 혼자 있을 때 비상 상승하는 방법으로 10m 이내의 비교적 얕은 수심에서 상승할 때 사용되는 방법이다.

① 무릎 앉아 자세에서 오른손은 위로 뻗고 왼손은 BC의 공기배출기를 잡아 올린다.

② 호흡기를 입에 물고 시선을 수면이 향하도록 하여 기도가 충분히 개방되도록 한다.

③ 발차기로 상승하며 상승 중 계속해서 "아"소리를 내어 상승 중 폐가 과대 팽창되는 것을 막고 부풀어난 공기가 효과적으로 기도를 통해 지속적으로 배출되도록 한다.

④ 상승도중 주기적으로 "흡"하고 주기적으로 호흡기를 빨아본다.

⑤ 가능하면 상승속도를 지키며 상승속도가 너무 빨라지면 BC로부터 공기를 배출시킨다.

⑥ 수면에 도착하면 입으로 BC에 공기를 불어넣어 양성부력을 확보한다.

(2) 긴급부력상승

공기가 떨어진 상황에서 혼자 있을 때 비상 상승하는 방법으로 10m 이상의 비교적 깊은 수심에서 상승할 때 사용되는 방법이다.

① 무릎 앉아 자세에서 오른손으로 웨이트 벨트를 푼다.

② 오른 팔을 멀리 뻗어 풀린 웨이트 벨트가 장비에 걸리지 않도 록 멀리 버린다.

③ 호흡기를 입에 물고 시선을 수면이 향하도록 하여 기도가 충분히 개방되도록 한다.

④ 상승 중 계속해서 "아"소리를 내어 상승 중 폐가 과대 팽창되는 것을 막고 부풀어난 공기가 효과적으로 기도를 통해 지속적으로 배출되도록 한다.

⑤ 상승도중 주기적으로 "흡"하고 주기적으로 호흡기를 빨아본다.

⑥ 급부상을 예방하기 위해 상승속도가 빨라지면 BC로부터 공기를 배출시킨다.

⑦ 수면에 가까워질수록 부상속도가 빨라지므로 부상속도를 제어하기 위해 팔과 다리를 벌려 큰 대자로 눕는 자세를 취한다.

⑧ 수면에 도착하면 BC에 남아 있는 공기가 팽창하여 양성부력이 자동 유지되나 필요 시 입으로 BC에 공기를 불어넣어 확실한 양성부력을 확보한다.

(3) 비상호흡기(옥토퍼스) 사용 상승

자신은 공기가 떨어진 상황에서 공기가 남아있는 짝이 비상호흡기를 보유하고 있을 때 사용되는 비상상승 방법이다.

① 짝에게 공기가 떨어졌다는 수신호를 하며 다가간다.

② 이때에도 공기가 떨어진 다이버는 호흡기를 입에 물고 있어야 한다.

③ 짝은 공기가 떨어진 다이버에게 비상호흡기를 건네준다.

④ 떨어지는 것을 예방하기 위해 서로의 오른손으로 상대방의 오른쪽 어깨띠를 잡는다.

⑤ 짝은 공기가 고갈된 다이버를 안정시킨다.

⑥ 공기가 고갈된 다이버가 안정을 유지하면 공기를 공급하는 짝은 상승하자는 신호를 보낸다.

⑦ 상승 중에도 서로 상대방의 오른쪽 어깨띠를 잡고 왼손으로는 BC의 공기배출기를 왼쪽 눈 앞에 위치하도록 들어올린다.

⑧ 상승 중 상승속도를 지키도록 노력하며 상승속도가 빨라지면 BC의 공기를 조금씩 배출한다.

⑨ 수면에 도착한 다음 양성부력을 유지하기 위해 BC를 팽창시킨다.

⑩ 공기가 떨어진 다이버는 공기자동주입기로 공기를 넣을 수 없으므로 입으로 불어넣는다.

(4) 짝호흡 상승

공기가 떨어진 상황에서 짝이 비상호흡기가 없지만 충분한 공기가 남아있을 때 사용되는 비상상승 방법이다.

① 짝에게 공기가 떨어졌다는 수신호를 하며 다가간다.
② 이때에도 공기가 떨어진 다이버는 호흡기를 입에 물고 있어야 한다.
③ 짝은 자신이 호흡하던 호흡기를 공기가 떨어진 다이버에게 물려주고 3-4회 정도 호흡하도록 한다.
④ 공기를 주는 사람은 호흡기이단계를 오른손으로 거머쥐고 왼손은 짝의 왼쪽 어깨띠를 잡는다.
⑤ 공기가 떨어진 다이버는 오른손으로 공기를 공급하는 다이버의 왼쪽 어깨띠를 잡고 왼손으로는 공기를 공급하는 다이버의 오른손목을 잡아 긴급히 공기가 필요할 때 손목을 당겨 공기가 부족함을 알린다.
⑥ 호흡은 가능하면 두 번씩 교대로 하는 것을 원칙으로 한다.
⑦ 상대방이 호흡기를 물고 있을 때에도 호흡기를 물지 않은 다이버는 입으로 공기를 조금씩 배출시켜야 한다.
⑧ 공기를 공급하는 사람은 공기를 공급받는 다이버를 안정시킨다.
⑨ 다이버가 안정을 유지하면 공기를 공급하는 다이버는 상승하자는 신호를 보낸다.
⑩ 상승 중에도 상승속도를 지키도록 노력하며 서로 짝호흡 하며 상승한다.
⑪ 수면에 도착한 다음 양성부력을 유지하기 위해 BC를 팽창시킨다.
⑫ 공기가 떨어진 다이버는 공기자동주입기로 공기를 넣을 수 없으므로 입으로 불어넣는다.

VI. 안전한 다이빙을 위해 꼭 알아야 할 지식

OPEN WATER
SKIN SCUBA

1. 폐 과팽창 상해

> 스쿠버 다이빙은 다른 레저스포츠와 마찬가지로 안전수칙을 준수하는 것이 매우 중요하다. 스쿠버 다이버가 숨을 참고 상승하면 폐속의의 공기가 팽창하게 되고 이로 인해 몸에 병증을 야기할 수 있다. 이번 장에서는 스쿠버 다이빙 중 폐의 과대팽창으로 발생할 수 있는 병증들에 대해 알아보고 간단한 예방법과 정상적인 호흡의 중요성에 대해 알아보자.

1) 공기색전증(Air Embolism)

병원에서 간호사가 주사를 넣기 전 주사기에서 공기를 빼는 모습을 본 적이 있을 것이다. 왜 공기를 빼는 것일까? 그것은 바로 공기 기포가 혈관을 막는 것을 예방하기 위해 하는 행동이다. 공기색전증은 압축기체를 호흡하는 다이버들에게 일어날 수 있는 잠수질환 중 가장 무서운 질환이나 이는 상승 중 정상적인 호흡으로 쉽게 예방할 수 있다.

(1) 정의- 공기 기포가 뇌동맥을 막아 뇌로 공급되는 혈액의 순환을 차단하는 것을 말한다.

(2) 원인- 스쿠버 다이빙 중 숨 참고 상승, 폐포 속에서 과대팽창된 공기가 호흡을 통해 외부로 배출되지 못하고 심장의 펌프질로 인해 뇌동맥으로 유입되어 뇌혈관을 막아 발생된다.

(3) 증세- 가슴통증, 호흡곤란, 현기증, 시각혼란, 의식불명, 비대칭성 마비 등

(4) 응급처치- 눕히고 산소호흡, 필요시 회복자세 및 심폐소생술(CPR) 시행

(5) 치료- 재압시설이 있는 병원으로 후송하여 재압 치료

(6) 예방- 스쿠버 다이빙 중 숨 참고 상승 금지

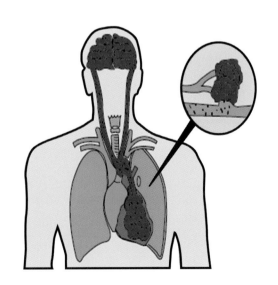

2) 종격 기종(가슴 중앙의 기종)

(1) 정의- 폐의 과대팽창으로 인해 새어나온 공기가 가슴 중앙에 모여 발생.

(2) 원인- 스쿠버 다이빙 중 숨 참고 상승

(3) 증세- 가슴뼈 밑 부분 통증, 호흡곤란, 청색증

(4) 조치- 산소호흡, 재압시설이 있는 병원으로 후송, 재압치료

(5) 예방- 스쿠버 다이빙 중 숨 참고 상승금지

3) 피하 기종(피부 밑 기종)

(1) 정의- 폐의 과대팽창으로 인해 형성된 공기가 목 부근 피부 밑이나 쇄골 근처에 모인 것.

(2) 원인- 스쿠버 다이빙 중 숨 참고 상승

(3) 증세- 목 부근이 뻐근함, 목소리 변함, 목 주변 부어오르고 피부를 만지면 버석거림, 기침

(4) 조치- 피하주사로 공기 배출, 호흡 이상의 경우 산소호흡 및 병원후송

(5) 예방- 스쿠버 다이빙 중 숨 참고 상승금지

4) 기흉

(1) 정의- 폐의 과대팽창으로 인해 형성된 공기가 폐와 가슴막(흉벽) 사이에 모인 것.

(2) 원인- 스쿠버 다이빙 중 숨 참고 상승

(3) 증세- 가슴의 통증, 숨을 헐떡임, 청색증과 쇼크, 심장압박

(4) 조치- 피하주사로 공기 배출, 산소호흡 및 병원후송

(5) 예방- 스쿠버 다이빙 중 숨 참고 상승금지

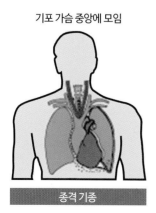

기포 가슴 중앙에 모임

종격 기종

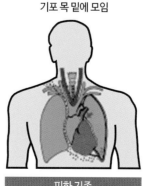

기포 목 밑에 모임

피하 기종

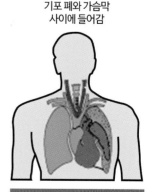

기포 폐와 가슴막 사이에 들어감

기흉

2. 감압병

감압병은 잠수를 전문으로 하는 산업잠수사에게 간혹 발생되며, 스포츠 다이버에게는 잘 생기지 않는 질환이다. 하지만 부주의하면 레저로 스쿠버 다이빙을 즐기는 사람에게도 감압병에 노출될 수 있기 때문에 감압병에 걸리지 않는 방법을 알아보아 즐겁고 안전하게 다이빙을 할 수 있도록 하자.

(1) 정의- 잠수 중 체내에 흡수된 질소가 호흡을 통해 충분히 배출되지 못하고 체내에서 기포를 형성하여 병증을 야기하는 것을 말한다.

(2) 원인- 깊은 수심에서 오랜 잠수 후 급상승 또는 감압잠수 후 감압 없이 상승, 비행기 탑승대기 시간을 지키지 않거나 감압병을 촉진시키는 요인에 노출되었을 때 발생한다.

잠수하면 주변에 높아진 압력에 의해 몸속으로 보다 많은 질소가 녹아 들어가게 되는데 녹아 들어간 질소는 서서히 상승하면 폐를 통해 정상적으로 체외로 배출된다. 하지만 깊은 수심에서 오랜 잠수 후 적절한 감압절차 없이 상승하거나 급상승하면 체내에 과다하게 녹아 들어간 질소가 체외로 배출되기 전 인체속에서 질소기포를 형성하여 혈관을 막거나 신경세포를 눌러 병증을 일으키게 된다. 이것이 감압병의 원인이다.

(3) 증세- 경증과 중증으로 구분된다. 경증으로는 피부의 발진, 관절통 등이 있으며, 중증으로는 호흡곤란, 반신. 전신마비, 의식불명이 발생하기도 한다.

(4) 응급처치- 감압병 환자를 발견하면 환자를 눕히고 환자에게 산소 호흡을 시키면서 육로나 바닷길을 통해 가까운 재압치료 시설이 있는 병원으로 이송해야 한다. 국내 재압치료실은 진해, 부산, 통영, 여수, 거제, 제주, 서귀포, 홍성, 목포, 삼천포, 강릉 등에 있다.

(5) 치료- 재압시설이 있는 병원으로 후송하여 재압 치료를 진행한다. 재압치료는 환자를 높은 압력을 가할 수 있는 커다란 압력실인 재압실에 넣고 압력을 가해 기포로 형성되었던 질소가 다시 혈액속으로 녹아들게 하여 호흡을 통해 체외로 배출될 수 있도록 하는 치료방법이다.

(6) 예방- 감압병을 예방하려면 감압이 필요한 잠수를 하지 말아야 하고, 상승 중 5m수심에서 3~5분간 안전정지하며 분당 9m 초당 15cm의 상승속도를 준수한다. 또한 잠수 후에는 비행기 탑승대기 시간을 준수하여야 한다. 비행기 탑승대기 시간은 무감압 1회 잠수 후 12시간, 2회 이상 잠수 시 18시간, 감압이 필요한 잠수 후에는 24시간, 3일이상 연속 잠수시에는 하루를 휴식 후 비행기를 탑승하여야 한다.

감압이 필요한 잠수를 하지 않기 위해서는 잠수전 잠수표를 사용하여 무감압 잠수를 계획하고 감압병을 촉진하는 요소인 질병, 탈수, 음주, 추위, 비만, 고령 등에 해당하는 경우 잠수를 포기하거나 훨씬 더 보수적으로 잠수를 계획하고 진행해야 한다.

또한 수중재압은 저체온증, 피로, 기체공급의 어려움, 치료의 지연 등 그 위험성 때문에 절대로 진행하여서는 안된다.

3. 질소마취

질소는 무색, 무미, 무취인 비활성 기체로 대기 중 가장 많은 78%의 부피를 차지한다. 또한 마취효과가 크고 수심 30m 이상으로 내려가면 마취현상의 발생 가능성이 높다. 즉, 고압의 질소는 신경 작용을 방해하여 마취 현상을 만들어 낸다.

(1) 정의- 고압의 질소로 인해 발생하는 마취현상

(2) 원인- 고압의 질소가 신경세포 기능을 방해

(3) 증세- 마취의 증세는 사람에 따라, 수심에 따라 차이가 있으며 그날의 컨디션에 따라서도 달라진다. 황홀감, 화냄, 시야흐림, 지적능력 감소, 단기간 기억상실, 시간 및 방향감각 상실, 판단력 및 이성, 지적 기능 수행 능력 감소, 시간 및 수심 그리고 공기 잔압의 확인 곤란, 환각현상, 기괴한 행동 등 마치 술에 취한 듯한 현상을 보이고 판단력이 저하된다.

(4) 처치- 얕은 곳으로 상승한다. 즉, 마취증상이 사라지는 수심으로 상승하면 증세가 빠르게 호전된다.

(5) 예방- 스포츠 다이버는 공기 잠수 중 질소마취가 나타나는 수심인 30m 보다 깊은 수심까지 하강하지 않도록 주의한다.

4. 수신호

수중에서는 의사전달을 말로 하기 힘들기 때문에 수신호나 메모판, 음향신호기, 줄당김 신호 등의 방법을 사용하여 의사를 상호 교환한다. 그 중 가장 많이 사용하는 의사전달 방법은 수신호이다.

수신호는 국제적으로 통용되는 수신호를 사용하며 수중에서 혼동을 예방하기 위해 잠수 전 일행들과 수신호를 확인하는 것이 바람직하다. 만약 적합한 수신호가 없다면 서로 합의하여 수신호를 만들어서 사용할 수도 있다.

수신호를 사용시 주의할 사항으로는 상대방이 쉽게 볼 수 있도록 상대방의 얼굴 앞쪽에 표시하고, 확실히 의미가 전달되도록 명확하고 큰 동작으로 보내야 하며 수신호를 받은 다이버는 신호에 대한 응답을 해주어야 한다.

■ 국제적으로 통용되는 수신호

정지, 거기 있어라　　잘못됐다　　OK? OK　　OK? OK (장갑사용)　　도와달라

OK? OK (멀리 있을 때)　　OK? OK (한 손으로)　　위험　　올라가자

내려가자　　공기가 얼마 없다　　공기가 떨어졌다　　짝 호흡하자

OK, 야간에 손전등으로
크게 원을 그린다.

OK, 손전등으로
수신호를 비춘다

잘못됐다

춥다

이쪽으로 오라

나를 보라

이 수심에서
머물자

이 쪽으로 가자

어느 방향?

귀가 아프다

진정하라 천천히

짝끼리 손을
잡아라

짝끼리 가까이 하라

네가 인도하라

빨리 하라

아니다

모르겠다

모르겠다

보라 몇 시간?
수심?

피곤하다

105

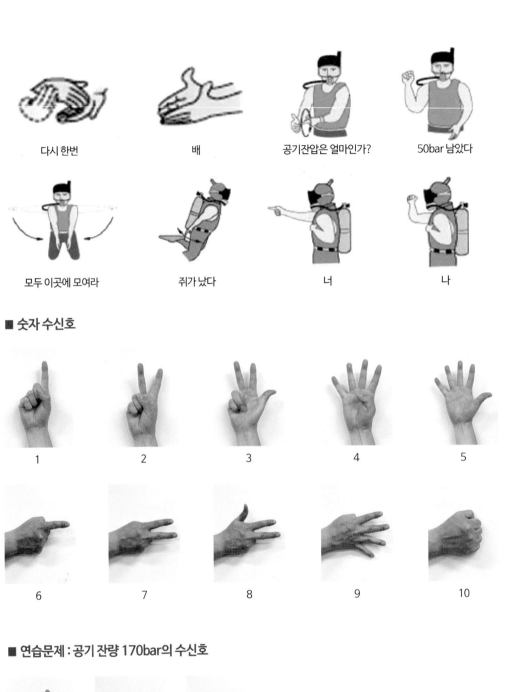

다시 한번	배	공기잔압은 얼마인가?	50bar 남았다
모두 이곳에 모여라	쥐가 났다	너	나

■ 숫자 수신호

1	2	3	4	5
6	7	8	9	10

■ 연습문제 : 공기 잔량 170bar의 수신호

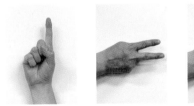

5. 잠수표

감압병을 예방하기 위해 무감압 한계 내에서 잠수를 계획하고 진행하여야 한다. 안전한 다이빙 계획을 수립하기 위해 잠수표를 사용하여 무감압 한계 내에서 잠수를 계획하고 진행하는 방법에 대해 스킨 스쿠버 다이빙 전문강사의 조언과 교육을 받은 후 사용하여야 한다.

(1) 잠수표 용어

- 잠수시간: 하강시작 시각 ~ 수면으로 상승시작 시각(같거나 큰 수치 선택)

- 잠수수심: 잠수 중 가장 깊이 하강했던 수심(같거나 큰 수치 선택)

- 첫 잠수: 전회잠수 종료 12시간 후에 행하는 잠수

- 재 잠수: 전회 잠수 종료 10분 이후 ~ 12시간 이내에 행하는 잠수

- 감압정지: 무감압 한계 초과 시 상승 도중 지정 수심에 일정시간 머무는 것

- 안전정지: 매 잠수 종료 후 수면 도착 전 5m에서 3~5분간 머무는 것

- 반복그룹: 잠수를 마치고 수면으로 상승했을 때 몸 안에 잔류하는 질소의 양

- 잔류질소시간: 잔류질소 때문에 재잠수 시 실제잠수시간에 더해야 하는 시간

- 재잠수 무감압 한계 시간: 재잠수 시 감압정지 없이 머물 수 있는 최대시간

- 간주되는 잠수 시간: 잔류질소 시간과 실제 재잠수 시간을 합한 시간

- 휴식시간: 잠수 종료 후 수면도착 시각 ~ 다음 하강 시각

- 상승속도: 1분당 9m(1초당 15cm) 속도로 상승

- 잠수순서: 깊은 곳 먼저 하고 얕은 곳은 나중에 진행하는 순서로 잠수 한다.

※KUA & CMAS 잠수

(00) ← 감압불필요 한계 시간(분)
00 ← 감압이 필요한 잠수시간
00 ← 5m 에서 감압해야 하는 시간(분)

〈표2〉 휴식 시간표

〈표1〉 감압불필요 한계시간과 반복 그룹

수심 M	3	4.5	6	7.5	9	10.5	12	15	18	21	24	27	30	33.5	36.5	39.5
Ft	10	15	20	25	30	35	40	50	60	70	80	90	100	110	120	130
잠수시간(분)	60	35	25	20	15	5	5										A
	120	70	50	35	30	15	15	10	10	5	5	5	5				B
	210	110	75	55	45	25	15	15	10	10	10	7	5	5	5		C
	300	160	100	75	60	40	30	25	20	15	15	12	10	10	(8)		D
		225	135	100	75	50	40	30	25	20	20	15	13	(12)	10/5		E
		350	180	125	95	60	50	40	30	25	20	20	(15)	15/5			F
			240	160	120	80	70	50	40	35	30	(25)	(22)	20/5			G
			325	195	145	100	80	60	50	40	(35)	30/5		25/6	25/10		H
				245	170	120	100	70	(55)	(45)	40/5			30/14			I
				315	205	140	110	(80)	60/5	50/5		40/7		30/7			J
					250	160	(130)	60/8	50/10		40/15					K
					310	190	150/5	100/5	80/5	70/14	60/17	50/18				L
						220										M
						(270)										N

재잠수 수심	N	M	L	K	J	I	H	G	F	E	D	C	B	A
9M / Ft 30	310	310	310	250	205	170	145	120	95	75	60	45	30	15
						무 제 한								
10.5 / 35	270	220	190	160	140	120	100	80	70	50	40	25	20	10
	50	80	110	130	150	170	190	200	220	230	245	250	260	
12 / 40	213	187	161	138	116	101	87	73	61	49	37	25	17	7
					14	29	43	57	69	81	93	105	113	123
15 / 50	142	124	111	99	87	76	66	56	47	38	29	21	13	6
						4	14	24	33	42	51	59	67	74
18 / 60	107	97	88	79	70	61	52	44	36	30	24	17	11	5
							3	11	19	25	31	38	44	50
21 / 70	87	80	72	64	57	50	44	37	31	26	20	15	9	4
								2	8	14	19	25	30	36	41
24 / 80	73	68	61	54	48	43	38	32	28	23	18	13	8	4
								3	7	12	17	22	27	31
27 / 90	64	58	53	47	43	38	33	29	24	20	16	11	7	3
									1	5	9	14	18	22
30 / 100	57	52	48	43	38	34	30	26	22	18	14	10	7	3
									4	8	12	15	19
33.5 / 110	51	47	42	38	34	31	27	24	20	16	13	10	6	3
										2	5	9	12
36.5 / 120	46	43	39	35	32	28	25	21	18	15	12	9	6	3
											3	6	9
39.5 / 130	40	38	35	31	28	25	22	19	16	13	11	8	6	3
											2	5	

휴식 전 반복 그룹

휴식 후 새 반복 그룹

47 ← 잔류질소시간(분)
33 ← 계산된 허용한계 잠수시간(분)

잔류질소시간	_____ 분
+) 실제잠수시간	_____ 분
간주되는 잠수시간	_____ 분
재잠수수심	_____ M

다시 〈표1〉로

주 의

이 잠수표에 따라 잠수하여도 완벽하게 감압병 예방을 보장할 수 없으므로 항상 안전한 여유를 두고 잠수하는 것이 요구됩니다.

〈표3〉 잔류질소시간(분)과 허용 한계 잠수시간표

2) 잠수표 사용연습

(1) 잠수표 사용연습 1

수심 24m에서 25분간 다이빙 후 반복그룹은 무슨 그룹인가?

➡ F그룹

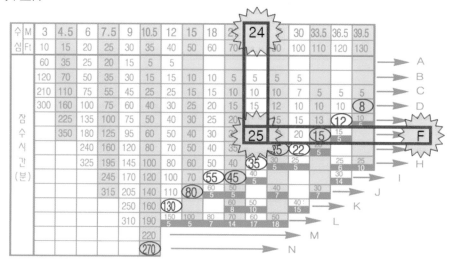

(2) 잠수표 사용연습 2

위의 다이버가 수면에서 1시간 30분 휴식 후 반복그룹은 무슨 그룹인가?

➡ D그룹

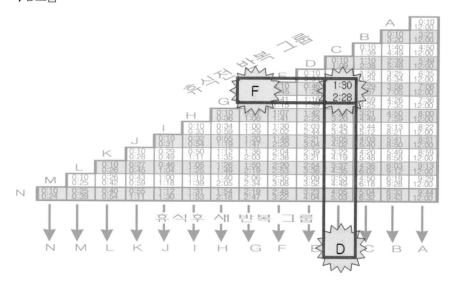

(3) 잠수표 사용연습 3

위의 다이버가 18m 에서 재잠수를 하려고 한다.

잔류질소시간과 재잠수 무감압 한계시간은?

잔류질소시간 24분, 재잠수 무감압 한계시간 31분

(4) 잠수표 사용연습 4

위의 다이버가 18m 에서 21분간 재잠수 후 간주되는 잠수시간과 잠수 후 반복그룹은?

간주되는 잠수시간은 45분 = 잔류질소시간 24분 + 실제잠수시간 21분

18m에서 45분이 없으니 50분 잠수한 것으로 간주하고 반복그룹은 H그룹, 감압 불필요함

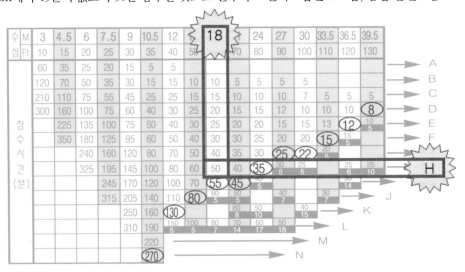

VII. 육현철 교수의
스킨 스쿠버 이야기

1. 초보자를 지도하는 방법

1) 재미있고 신기한 수중 세계 체험

스킨 스쿠버라는 것은 우리 인간이 물속에서 오랫동안 숨을 참을 수 없기 때문에 물속에서의 긴 시간 동안의 생활을 할 수 있도록 스쿠버 장비를 통하여 물속에서 수영하는 것을 말한다. 옛날에는 스킨 스쿠버 장비가 없어서 물속에서 일을 할 때에는 해녀들이 물질을 하곤 하였다. 그러나 현대 사회에서는 스킨 스쿠버의 장비의 발달로 인하여 물속에서 공사 및 다양한 활동을 하고 있다.

오픈워터를 취득하기 위하여 처음 바다에 온 수강생들은 출렁이는 바다만 보아도 숨이 답답하고 겁이 밀려온다는 사실을 알아야 한다.

2) 강사도 수강생을 가르치기 전에는 반드시 초보자 때를 생각하면서 천천히 안전을 고려하면서 지도하여야 한다.

① 물에 엎드려 호흡하기

② 깊은 곳으로 공기 빼며 입수 약 1.5깊이로 들어가 돌을 잡고 기다린다. 이 때 처음 바다 속을 체험하므로 긴장을 풀고 주변을 구경하면서 시간을 보낸다.

③ 조금 더 깊이 약 3M 정도 까지 들어가서 용궁의 세계에 오심을 환영하며 축하한다는 메세지를 써 보여 준다.

④ 그리고 다시 물 밖으로 천천히 기어올라 나온다.

⑤ 물 밖으로 나와 잘했다는 칭찬과 이런 동작으로 처음부터 다시 시작한다고 설명하고 물에 입수한다.

⑥ 현재 지나가고 있는 곳은 예를 들어 바다 밀림지역입니다. 라고 글씨를 써 보여준다. 물속에서 투어를 다닐 때는 초보자들이기 때문에 킥 능력이 매우 약하다 그렇기 때문에 강사는 아주 천천히 이끄는 것이 좋다.

⑦ 물속을 다니면서 미역, 다시마, 성게, 군소, 소라, 물고기, 전복, 해삼 등을 보여 주면서 보호색을 알아보도록 한다.

⑧ 퇴수하기 직전에는 상승하여 위치를 확인하고 나침판으로 출수 장소를 선택하고 다시 물속으로 하강하여 나침판을 보면서 퇴수를 시도한다.

⑨ 퇴수해서는 일련의 동작들을 설명하면서 잘한 점과 못한 점들을 설명한다.

3) 생활습관에 의한 신체 변화

우리 인체에 영향을 주는 생활습관은 음주와 흡연이 있다. 지나친 음주와 흡연은 건강을 해롭게 하는 것은 증명된 사실이다. 스쿠버 다이빙 전 음주와 흡연은 영향을 미치게 된다.

① 음주와 스쿠버다이빙

성인이면 누구나 일상생활에서 음주를 하게 될 기회가 있고 지나친 음주는 건강을 해치고 몸의 컨디션을 나쁘게 한다. 알콜이 몸에 남아 있는 상태에서 다이빙을 하게 되면 판단력과 행동을 둔화 시킬 뿐만 아니라 질소의 흡수율이 높아지고 체온소실이 많아진다. 그래서 스쿠버 다이빙 전의 음주는 금물이다.

해양에서의 스킨 스쿠버다이빙은 일상생활에서 벗어나 자연과 함께 즐기는 레저스포츠이다. 그러나 특히 오픈워터 다이버의 경우 스쿠버의 대한 설레임과 기쁨, 성취감으로 다음날의 스쿠버다이빙을 생각하지 못하고 폭음을 하게 된다. 그래서 몸 상태가 좋지 못하여 스쿠버를 포기하거나 처음보다 어려움을 겪는 경우가 종종 있다.

② 흡연과 스쿠버다이빙

현대의학의 연구에 따르면 흡연은 폐암, 심근경색, 신생아의 선천성 장애를 유발한다고 밝히고 있다. 이렇듯 흡연은 우리 건강에 해롭다고 할 수 있다. 흡연을 하게 되면 일산화탄소, 타르, 니코틴 등이 우리 몸에 축적된다. 특히 축적된 일산화탄소의 양을 반으로 줄이는데 6시간 이상의 시간이 소요된다. 남은 일산화탄소가 헤모글로빈과 산소의 결합을 방해하여 대사를 저해하며, 인체의 질소배출을 감소시킨다.

스쿠버다이빙에 앞서 금연을 한다면 즐거움도 가지고 건강도 챙기는 좋은 기회가 될 것이다.

4) 여성과 스쿠버다이빙

설문조사에 의하면 아직 국내 스쿠버 다이빙 시상은 남성 중심으로 진행되고 있으나 최근에 들어서 여성 다이버의 인구가 전체 20%를 넘고 있다. 여성들의 사회생활과 여가문화의 인식이 커져서 여성 다이버의 인구비율은 계속해서 증가할 전망이다. 스쿠버다이빙에서의 여성의 인체변화에 대해 알아보고자 한다.

① 신체조성 차이

오픈워터 여성 다이버는 남성보다 근력이 부족하여서 무거운 장비를 이용하는 것에 대해 거부감을 가진다. 그러나 수중에서는 부력으로 장비의 무게를 못 느끼기 때문에 문제가 되지 않는다. 또한 스쿠버 다이빙 전 장비의 이동과 착용에 있어서도 스쿠버다이빙은 짝과 함께 하기 때문 서로 도움을 주면서 할 수 있다.

일반적으로 여성의 폐는 남성보다 작고, 호흡이 짧아서 대부분의 여성 다이버들이 공기를 더 오래 사용한다.

② 월경

월경 중의 스포츠 활동에 관해서는 찬·반 양론이 있다. 우선 본인의 의사가 중요하고, 특별히 금지할 필요는 없다. 다만, 스킨 스쿠버다이빙은 컨디션이 좋지 않을 시에는 하지 않는 것이 좋기 때문에 월경으로 인해 통증이 있다면 삼가 한다.

③ 임신

현재 의학적으로 스쿠버다이빙이 임산부와 태아에게 나쁜 영향을 준다는 연구가 없지만 종합적인 다이빙이론에 의하면, 임신 중에는 스쿠버다이빙은 삼가 해야 한다. 여가의 즐거움을 위해 하는 스쿠버다이빙을 위험요소를 가지고 한다면 과연 즐거울지 생각해 보기 바란다.

5) 안전한 잠수를 위한 안전수칙

안전한 잠수를 위해 다이버가 꼭 지켜야 할 사항들을 정리하면 다음과 같다.

• 충분한 잠수교육을 받는다.
• 절대 혼자 잠수하지 않는다.
• SCUBA 잠수를 하는 동안 절대로 숨을 참지 않는다.
• 능력한도 내에서 잠수한다.
• 수심 30m 이하로 잠수하지 않는다.
• 감압이 필요한 잠수는 절대 하지 않는다.
• 상승속도는 1분당 9m 가 넘지 않도록 한다.

- 매 잠수 후 상승도중 수심 5m에서 안전감압을 3~5분간 실시한다.

- 적절한 장비를 사용한다. 안전에 필요한 장비들은 반드시 착용하며 잘 정비된 장비를 사용한다.

- 잠수 전 계획을 세운다.

- 반드시 부력조절기를 착용한다.

- 웨이트 벨트는 맨 겉에 착용한다.

- 잠수표시기를 띄운다.

- 공기통은 일년에 한번씩 육안 검사를 하고 최초 2회는 5년에 한번씩 그 후에는 3년에 한번씩 수압검사를 한다.

- 공기통에는 항상 필터로 걸러진 깨끗한 공기만을 채운다.

- 잠수하기 전 잠수할 지역에 대해 필요한 지식을 얻는다.

6) 짝 잠수(Buddy system)

모든 다이버는 스킨 다이빙, 스쿠버 다이빙에 관계없이 두 사람이 한 조로 잠수해야 한다. 두 사람이 한 조가 되면 정신적으로나 육체적으로도 안정성이 높아진다. 안전하고 즐거운 다이빙을 위해서 짝 잠수는 필수인데, 다음의 사항을 주의하도록 하자.

- 다이빙 전에 수심, 잔압, 잠수시간 등을 미리 결정한다.
- 서로 수신호를 확인한다.
- 긴급 상승 방법에 대해 서로 확인한다.
- 수중 및 육상에서의 활동은 체력이나 기술적으로 낮은 쪽에 맞춘다.
- 다이빙 전에 반드시 버디 체크(Buddy Check)를 한다.
- 혼자서 마음대로 다른 곳으로 가지 않는다.
- 수중에서는 항상 짝을 의식하고 손이 닿는 범위 내에서 활동한다.
- 짝을 잃어버리면 그 자리에서 멈추고 회전하며 주위를 살펴본다.
- 1분 동안 찾아보고 찾지 못할 때는 상승하여 수면에서 만나기로 약속한다.

7) 레저스포츠 스쿠버 다이빙 수심은?

다이빙을 하지 않는 사람이 하는 사람에게 대하여 질문하는 것은 대체 몇 미터 깊이까지 잠수 할 수 있을까 라는 내용이다. 그 구체적인 깊이를 알 고 나서 「한다」「하지 않는다」라는 결론이 나오는 것은 아니지만, 일반적으로는 아주 관심이 깊은 점이다. 사실 "잠수"는 잠수하는 깊이에 따라 그 방법도 다르다. 우리들이 이 책에서 소개하고 있는 공기통을 등에 업고 잠수하는 방법은, 전문용어로 "개방식"이라고 부르고 있다. 개방식 즉 스쿠버다이빙은 공기통 안의 공기 양이 한정되어 있음으로 언제까지나 잠수해 있을 수는 없다. 또 앞에서 언급한 바와 같이, 깊이 잠수 하려면 그 정도 압축된 공기를 호흡하게 되므로, 공기를 소비하는 양도 많게 된다. 게다가 수압에 의해 생리적인 문제도 있기 때문에 레저 다이버는 수심 30m 이상은 잠수하지 않는 것이 바람직하다.

8) 심해잠수(Deep diving) 란?

깊은 물에서 다이빙하는 것을 말한다. 레저스포츠 다이버 한계 수심 30m 이상은 잠수하지 않는 것으로 되어있다. 그렇기 때문에 심해잠수를 30m라고 오해할 수 있다. 하지만 오픈워터의 한계수심인 18m 이하의 수심으로 내려가는 것을 심해잠수라고 대부분의 단체에서 규정하고 있다.

심해잠수를 하기 전에는 장비점검이 필수이다.

첫째, 본인의 웨이트를 30m에서 줄일 수 있도록 여유를 두어야 한다.

둘째, 호흡기가 고장이 없는지를 확인해야 한다. 특히 공기 잔압계와 나침반, 수심계의 고장은 없는지를 확인하여야 한다.

셋째, 어드벤스 이상에서 해야하며 스쿠버를 가장 잘 하는 사람과 가장 못하는 사람끼리 짝을 정하고 잘하는 사람이 항상 점검하고 관찰하여 강사에게 수신호로 보고한다.

넷째, 만약 짝이 공기가 빨리지 않는다면 자신의 보조호흡기를 전달해주고 상대편 공기를 마셔보고 확인한다. 공기가 없다면 앞에 가는 사람의 오리발이나 손을 잡아당겨 도움을 요청한다.

다섯째, 공기가 너무 없다면 강사에게 먼저 올라간다는 신호를 하고 짝과 둘이 함께 상승속도를 맞추며 안전에 유의하여 상승해야 한다.

여섯째, 출수 후 개개인의 공기량과 장비를 점검하여 다음 심해잠수의 참고자료로 이용한다면 다음에는 더욱 안전한 다이빙 준비를 할 수 있다.

9) 심해잠수 요점정리

조금이라도 불안하면 상급자의 손이나 게이지를 잡고 쫓아 다닌다.

섬이나 해안이 직벽이라면 깊은 바다 쪽을 보는 것보다 벽 쪽을 보고 내려가는 것이 마음의 안정을 찾을 수 있다.

만약 공기가 떨어져 빨리지 않으면 짝의 보조호흡기나 가장 옆에 보이는 인원의 보조호흡기를 찾아 물어 호흡한다.

잘하는 다이버가 못하는 다이버를 계속적으로 관찰하며 다이빙을 해야 한다.

2. 육현철 교수의 스킨 스쿠버 체험기

1) 스쿠버 강사가 되겠다고 마음 먹은 이유?

나는 초등학교 4학년 때부터 운동을 매우 좋아했다. 충남 당진 성당 초등학교 4학년 때는 배구선수를 하였고, 5학년 때는 씨름선수를 하였다. 5학년말에는 수영선수로 입문을 하여 수영배영 부문에서는 국가대표, 한국 신기록, 아시아대회 등을 출전하는 등 선수로서 최고의 자리까지 갔었다.

운동에 전념하여 생활하다 보니 대학졸업하고도 말하는 것이 무척 힘들고 어렵겠다는 생각을 하였다. 지도자가 되려면 공부를 많이 하여야 하고 시간이 오래 걸리겠다고 생각하던 중 스킨 스쿠버 교육을 받게 되었다. 그런데 물속에서 교육 할 때는 말을 한마디도 하지 않고 몇 가지의 손짓으로 끝내는 것이었다. 그때 생각하길 스쿠버 지도자는 말을 잘하지 못해도 할 수 있는 것이구나 내가 해야 하겠다 하면서 열심히 수련을 쌓아 97년도에 강사취득을 하게 되었다. 그러나 지금은 말이 너무 많아 혼잣말로 말을 줄여야 한다고 다짐하며 살고 있다.

2) 스쿠버 눈 높이 교육의 필요성

대학 다닐 적부터 가깝게 지내던 친구들이 있다. 대학 다닐 적에 7명의 친구들이 모여서 술 마시고 공부하고 하면서 먼 미래를 걱정하며 지낸 적이 있다. 그러면서 우리가 어른이 되어서 영원히 계속적으로 만나기 위해서는 모임을 만들어야 된다고 생각했다.

모임을 만들어낸 것 이 백년회라는 모임이다. 백년동안 함께 지속적으로 잘 지내자는 것이다. 지금은 모두가 바쁘게 살다보니 1년에 2번 정도 만나는데 외박을 하면서 만난다. 친구가 좋아 술이 좋아 밤을 새워가며 놀다가 그 다음날도 헤어지기 싫어 해장 술과 함께 만나다 보면 음주 운전 때문에 가지 못하고 일요일 저녁에서야 내일의 일을 위하여 어쩔 수 없이 헤어지게 된다. 그러다 보니 나이는 먹고 힘은 빠지고 해서 놀기가 보통 힘든 것이 아니라는 것을 친구 모두가 느끼고 있었다.

본인은 스킨 스쿠버에 매력을 느끼고 있고 레져 스포츠로 즐거움을 통하여 운동을 병행하고 있다. 본인은 강사자격을 1999년에 취득을 하였다. 현재는 학생들을 위하여 수업을 통하여 교육을 시키고 자격증까지 부여하고 있다.

그래서 생각하여낸 것이 우리 백년회 친구들과 함께 즐길 수 있는 공동체의 운동을 만들어야 하겠다고 마음먹고 친구 모두를 토요일 저녁 7시에 L,A호텔로 불러서 스킨 스쿠버 강의를 밤 11시00분까지 하면서 시험의 스트레스로 강의의 질을 높였다고 할까? 친구들은 약20년 만에 책을 펴놓고 공부하는 것이라 힘은 들지만 즐거운 모습들이었고 행복해 하는 모습들이 선하였다.

강의를 마치고 11시부터는 우리 백년회 회원이 모이는 방법대로 맥주 파티를 하기시작 하였는데 그 다음날 스쿠버 강의가 8시부터 시작이라는 말을 듣고 모두가 술 맛이 없는지 잘 마시지를 않고 있었다.

8시에 비디오 이론교육을 10시까지 실시하고 10시부터 12시30분까지 수영장 스킨교육을 시키고 12시 30분에 수영장에서 자장면을 먹으며 허기를 달래면서 오후 잠수 풀 스킨 스쿠버 교육의 일정을 기다리는 모습은 참담할 뿐이었다.

잠실 수영장 잠수 풀에서 13시30분에 교육을 하러 입장하였는데 사람이 너무 많아 2시간 정도 기다리며 한 명 한 명 잠수 풀 5m에 들어가는 하강 교육을 시키면서 박사과정 여 선생님이 한분 같이하는데 너무 겁을 많이 먹어서 손 붙잡고 들어가려면 죽이러 들어가는 것처럼 거부하고 해서 들어가지 못하고 포기한 상태였다.

그런데 우리 친구 중에 수영선수 출신 중 곽호석 이라는 친구가 백년회 회원인데 오늘 스쿠버를 처음 배우는 친구이다. 그런데 오늘 배워서 초보자를 천천히 서로의 두려움을 이해하면서 박사과정 여 선생 박경혜 씨를 5M 풀 바닥으로 하강을 하면서 개인적으로 잘 가르치는 것이 아닌가?

강사인 내가 하지 못한 것을 초보자 오늘 배운 사람이 눈 높이 교육을 하면서 그 상황을 이해하면서 긴장감을 풀게 시키고 해서 오늘의 교육생 모두가 스킨 스쿠버 교육에 성공하였다.

3) 나의 오픈워터 자격 취득할 때

오픈워터 자격을 취득할 때 모 선배님께서 자격증 줄 테니까 사진하고 얼마를 가져오라는 것이었다.

그리고 약 1시간 정도 수영장 교육을 했을 것이다. 그리고 바다에 들어가서 물속구경을 하는데 정말로 쉽고 재미가 있었다. 나는 국가대표 수영선수 출신이라서 물에 대한 두려움은 전혀 없는 상태라서 물속이 정말로 편하고 재미가 있었다.

그런데 가끔 혼자 있으면 두려움과 공포가 밀려 온다는 것을 알 수가 있었다. 선배강사 한테 이론적으로 배운 것이 없어서 정말 아무것도 몰랐다.

오픈워터로 몇 년이 지났을 때 김형건 선배가 너 어드밴스 취득 안하냐고 물어보는 것이 아닌가? 그게 무언데요 하고 물어보니 강사가 되려면 어드벤스, 마스터 자격을 취득하여야 한다는 것이었다. 너는 체육과 교수이니까 강사 자격을 취득하는 것이 좋을 것이라고 건의하여 97년도에 강사 자격을 취득하게 되었다.

강사로서 학생들과 처음 스쿠버를 시도하는 사람들에게는 반복적으로 자세하게 설명을 하여 나와 같은 무지가 되지 않도록 최선을 다하여 봉사 하고 있다.

4) 물속에서 걸어 다니고, 기어 다니는 것도 스킨 스쿠버

스킨 스쿠버를 배울 것을 독려하면 누구나가 무섭고 수영 못하는데 할 수 있느냐고 물어본다. 스쿠버는 한마디로 뭄 속에서 다니는 것이 스쿠버이다.

스쿠버를 할 때 킥을 잘 차지 못하면 물속에서 오리발을 벗고 걸어 다니면 더욱 편리하고 쉬울 수가 있다.

킥을 어느 정도 찰 수 있으면 중성부력을 맞추고 다니는 것 보다는 제일 처음 수영장교육에는 음성부력을 맞추어 놓고 기어 다니는 것이 가장 좋은 방법이다.

물속에서 어느 정도 적응이 되면 중성부력을 맞추고 다니면 훨씬 힘이 덜 들고 물의 흐름을 이용할 수 있어 즐겁고 행복한 스쿠버가 될 수 있다.

5) 스킨 스쿠버의 오픈워터의 6대 몸짓

스킨 스쿠버는 누구나가 배우고 싶어 하나 물에 대한 공포심와 두려움, 시간적 여유, 돈 여러 가지 이유에서 활성화가 되어 있지 않은 상태이다.

스쿠버인들이 이야기 하기로는 우주 공간에서의 생활하는 것 같다고 말한다. 그러나 우주공간에 가 보고 이야기 하는 사람은 없다.

물속에서는 자신이 하고 싶은 행동을 하기가 무척 불편하다. 자연이 시키는 대로 행동을 하여야 함에도 초보자는 본인이 지상에서 쉽게 행동하듯이 하고 싶어 한다.

물속에서는 절대로 그러해서는 안된다. 물속에서는 자연스런 파도가 있다. 파도와 지형지물의 형태에 따라 유형한다면 스쿠버가 쉽고 행복함을 느끼는 스포츠가 될 것이다.

(1) 바다에서의 오픈워터의 몸짓

① 물의 흐름에 손과 발로 조정하라

② 장비와 웨이트 무게를 정확하게 하고 입수하라

③ 하강 후에는 잠시 안정을 취하라(하강하고 나서 곧바로 어딘가로 투어를 떠나지 말고 물속에 앉아서 장비 점검을 하여 주고 확인하여 장비의 안전성에 대한 안정을 준다)

④ 강사와의 거리를 2m이상 두지 않는다

⑤ 개인 행동을 하지 않고 강사를 주시한다

⑥ 물에서 나올 때는 반드시 50바 이전에서 나온다

(2) 강사가 오픈워터에 대한 배려

① 수영장에서는 8명 이하, 바다에서는 4명 이하의 인원을 인솔한다.

② 어떤 일이든 천천히 여유를 가지고 행동한다

③ 장비의 점검은 강사가 확인을 하여 준다

④ 하강하고 물속에서 한참 동안 서로 손잡고 긴장을 해소한다

⑤ 물속에서 오픈워터에 눈을 떼지 않고 계속적으로 눈을 맞춘다

⑥ 가장 초보자의 수준에 맞추어 교육을 한다 (10m 미만인 얕은 물에서 바다에 적응하며 천천히 전진 한다)

(3) 어드밴스의 몸짓

① 물의 흐름에 따라 움직여 주어라

② 장비 물속에서 위험한 상황을 연출하여 본다(호흡기 바꿔물기, 마스크 물빼기 등)

③ 모든 장비는 혼자서 준비하도록 한다

④ 바다속의 생물체를 자세히 관찰하여 본다

⑤ 보트 다이빙으로 30m의 수심을 확인하여 본다

⑥ 오픈워터 때와 같이 강사와 함께 한다

(4) 마스터의 몸짓

① 물의 흐름에 유영을 즐겨 보아라

② 등급이 낮은 스쿠버와 함께 할 때는 자세하게 가르쳐 주어라

③ 본인의 장비를 준비하고 수리용구를 가지고 다녀라

④ 바다속의 청소와 불가사리 등을 채취하여 환경을 정화한다

⑤ 초보 스쿠버를 언제나 지켜보고 안전을 돕는다

⑥ 바다의 상황이 위험 할 때는 들어가지 않는다

6) 스쿠버 다이이빙이 좋은 이유

스쿠버를 함으로서 지구가 좁다고 느껴지지 않고 우주에 도착한 느낌

스쿠버를 하면은 지구의 육상의 환경과 흡사하다. 지상 위에서 넓은 들판의 초목과 나무숲이 울창한 모습과 돌 바위산을 바라보고 있어 보았는가? 상상만해도 얼마나 한적하고 경치가 좋고 마음의 평온함을 느낄 수 있겠는가?

그러나 서울의 도심을 보고 있으면 복잡한 빌딩과 도로에 있는 자동차와 소음, 사람들의 움직임 생각만 해도 가슴이 답답하지 않은가?

바다속에 들어가면 건물과 자동차와 사람이 없는 몽골의 자연환경에 와 있는 느낌을 받는다.

스쿠버 초보자가 물속에 들어갔다 나오면 하는 말이 우주에 도착하여 생활한 느낌을 받았다고 한다. 물속에서 중성 부력을 맞춰 놓고 있으면 킥을 찰 필요도 없다. 자연의 환경의 파도에 내 몸을 맡겨 놓고 물의 흐름대로 떠 있으면서 스쿠버를 한다면 이것보다 더 큰 행복이 어디 있겠는가 생각한다. 여러분들에게도 진심으로 스쿠버를 권하고 싶다.

힘 없고 나약하지만 자연과 함께 생명을 지키려는 생물들, 바닷속에 처음 들어 갔을 때이다. 물속에 들어 갔더니 아무것도 없는 것이다. 그런데 선배들이 하는 말 작살이 없어서 고기를 잡지 못했네, 멍게가 많이 있다던가 아니면 소라가 있다던가, 해삼이 있다고 하는 것이 아닌가?

선배들의 눈에는 보이고 나의 눈에는 안보는 것일까?

7) 승마로 온몸의 근육통을 단 한번의 스쿠버로 풀어줘

옛날에 운동을 해서 약 40년 정도를 어떤 일을 해도 힘든 줄 모르고 열심히 살아왔다. 그런데 40살이 되면서 운전, 술, 늦잠을 자도 피곤함을 느끼기 시작하였다. 그래서 42살 적에 시작 한 것이 승마 운동이다. 승마를 1주일에 1, 2회 정도를 하다가 약 2년 정도 하였을 무렵 약 2개월 정도 쉬다가 5시간 30분 정도의 외승을 하고 나서 45세의 나이에 나의 온몸은 근육통으로 너무 힘들었다. 이틀 후 스킨 스쿠버 예약이 잡혀서 스쿠버를 정말로 힘들게 하고 나왔는데 그 근육통이 어디로 사라졌는지 약이 따로 없을 정도의 효능을 보았다.

그것은 물속에서 받는 수압으로 인한 근육의 마사지 효과와 킥을 통하여 근육을 풀어준 효과가 있기 때문으로 생각된다.

8) 어깨 아플 때 수심 20M에서 스쿠버 후 감쪽 같이 없어져

성균관대학교 박사과정 동기인 박경혜 선생님은 현대무용 전공이었고 운동을 전혀 좋아 하지 않는 분이었다. 그런데 어느날 스킨 스쿠버 오픈워터 자격을 취득하라고 권고하였는데 어깨가 아프다고 하였는데 스쿠버를 하고 난 후에 통증이 없어 졌다고 왜 스쿠버를 하는지를 알겠다는 것이었다. 체험적으로 느낀 것이기 때문에 스포츠 과학을 동원하여 확인 해 볼 수 있다면 재미가 있을 것이다.

3. 사고 날뻔했던 사례들

1) 50바에서 혼자 내보내다 사고 날뻔 했던 사건

김점규 사장을 오픈워터를 주고 3번째 스쿠버를 하는 날이었다. 4명이 함께 들어 갔는데 2명은 어드벤스 급이었고 김점규 사장은 초보자이다. 초보자 다보니 공기를 다른 사람들은 100바 정도 남았는데 50바 밖에 남지 않아 먼저 혼자서 나가라고 하고 3명이 좀더 하고 있었다.

잘 떠서 잘나가고 있나 생각 했는데 물 밖에서 손짓하고 큰일이 났던 모양이었다.

김점규 사장은 나가다가 방향을 보고 물속으로 환경을 보면서 나가야 되겠다고 생각했던 모양이다. 나가던 도중 호흡기가 빨리지 않아 물위로 떠서 부력조절기에 공기를 넣으려 했더니 공기가 들어가지 않고 입이 물에 잠길 정도가 되었던 것이다.

헤엄의 능력으로 간신히 죽지 않고 나왔던 실제 상황이 있었다.

▶해결방안

• 첫째: 웨이트를 풀면 뜨는데 왜 안 풀었냐? 하니 "그게 생각이 납니까"라고 대답하였다.
• 둘째: 부력조절기에 입으로 공기를 넣지 그랬냐? "호흡하기도 바쁜데 됩니까?"라고 대답하였다.
• 셋째: 어떤 일이 있어도 함께 나온다.

2) 다 사용한 공기통을 차고 뛰어들었다 사고날 뻔 한일

경민대학교 태권도과 김원섭교수님의 어드벤스 과정으로 소매물도에 스쿠버를 하게 되었다.

여기는 조류가 빨라 떨어지자 마자 바닥으로 떨어져야 하니까 들어오지 마세요. 하니까 할 수 있다고 함께 들어간다고 하는 것이었다.

그럼 빨리 준비하라고 하고 점검을 하여 주어 주지 않고 곧바로 뛰어들어 수심 약 20m에 떨어졌다. 서로 안정을 찾고 여러 가지 작업을 하려하는데 올라간다고 하고 급하게 올라가는 것이었다. 혼자서 올라가라고 하고 일을 볼려다가 따라 올라와 보니 물살이 쎈 곳이라 바위에 붙어서 떠내려가지 안으려고 안간 힘을 쓰고 있었다.

▶해결방안

• 첫째: 본인의 부주위로 다 쓴 공기통을 사용한 것이다.

- 둘째: 강사가 새 것으로 같다 주는 배려가 필요하다.
- 셋째: 잠수하기 전 짝과 장비를 확인하고 입수 전 강사가 장비를 점검한다.

3) 바다 현장에서 교육하고 25m 하강 중 15m에서 호흡기 뺀 사건

한국체육대학교 핸드볼담당 백상서교수를 현장에서 교육하고 얕은 수심10m 정도에서 잘하였다. 잘하길래 오후에는 보트 다이빙을 하는데 함께 가지 않겠냐고 했더니 좋다는 것이었다.

둘이서 함께 손잡고 들어가면 되겠지 하고 하강하면서 OK 싸인을 보내면 OK 싸인을 보내며 잘 따라 내려 오는 것이었다. 15M 지점에서 호흡기를 갑자기 빼면서 급상승하는 것이었다. 함께 나와서 왜 그랬냐 했더니 공기가 빨리지 않는 다는 것이었다. 가슴이 답답하여 죽는 줄 알았다는 것이었다.

▶해결방안

- 첫째: 이런 상황을 패닉 증상(자기공포, 공항이리고 합니다)
- 둘째: 단계별 교육을 하지 않고 많은 경험을 쌓지 않은 상태에서 무리한 행동
- 셋째: 수영장교육과 오픈워터 교육에 알맞은 장소를 선택하여야 한다
- 넷째: 강사의 자신감이지 초보자는 항상 긴장한다.
- 다섯째: 공기통 밸브를 완전 개방하지 않고 조금만 개방하면 얕은 수심에서는 호흡이 되나 수심이 깊어질수록 호흡이 되지 않는 현상이 발생한다.

4) 필리핀 강사다이빙 장비 결함으로 맨몸 50M 심해 다이빙

CMAS스킨 스쿠버 강사 약 30명과 필리핀 세이브에서 다이빙 할 때의 일이다. 건국대학교 스쿠버의 달인 최청락교수는 장비의 결함이 있어서 스쿠버를 하지 못하는 상황에 이르게 되었다. 스쿠버란 것은 알다시피 마스크만 없어도 하지못하고 핀이 한짝만 없어도 하지 못하고 그 작은 O링 하나가 없어도 못하는 것이 스쿠버이다.

필리핀은 스쿠버의 최적지이다. 배위에서 물속을 들여다 보면 땅이 보인다. 그래서 얕겠지 생각하지만 최소의 수심이 50M이다.

30명의 강사가 하강하는데 최청락교수가 함께 옥토버스를 물고 맨몸으로 따라 오는 것이 아닌가? 강사들은 모두가 한결 같이 옥토버스를 달고 다니기 때문에 어느 사람의 옥토버스를 물고 호흡하여도 되니까 바닥에 도착하여 공기 한통을 다 쓸 때까지 함께 다이빙을 한적이 있었다. 나는 최청락교수가 위

험하여 항상 옆에 따라 다니면서 호흡기를 줄 생각을 하고 2M를 유지하면서 긴장감에서 스쿠버를 한 적이 기억 된다. 그때의 최대 수심이 48m로 찍혀 있었다.

이러한 상황은 매우 위험한 일이기 때문에 절대로 초보자들은 따라 하면 안 된다.

▶해결방안

• 첫째: 여분의 장비를 준비하여 두는 것이 좋다.

• 둘째: 실력이 있다 하더라도 무리한 행동은 하지 않아야 한다.

• 셋째: 함께 들어간 사람이 항상 옆에 있어 안전을 보호한다.

• 넷째: 강사라 할지라도 안전한계수심을 지켜야 한다.

5) 암흑 세계의 서해바다에서 초보자의 흐린물 다이빙

다이빙을 4회째 하는 최상걸 사장과 함께 서해 다이빙의 장소는 충남 당진, 수심은 약12m 날씨는 약 간 흐린 상태였다. 최상걸 사장과 함께 하강하는데 약 5M 정도 들어 갔을 때 물속이 너무 어두워서 나 도 또한 약간 당황을 하면서 OK 싸인을 보내며 잘 하강하는 중이었다. 그런데 갑작스럽게 올라가자는 수신호를 보내며 올라가는 것이었다.

함께 따라 올라와서 왜 그러느냐고 물었더니, 갑작스럽게 가슴이 답답하고 호흡이 빨리지 않는다는 것 이었다.

그러나 그 호흡기와 공기통은 가득찬 정상적인 장비였는데 과호흡으로 공기를 내 뱉지 않고 드려 쉬 기만 하기 때문으로 생각이 된다.

▶해결방안

• 첫째: 이런 상황을 패닉 증상(자기공포, 공항이라고 합니다)

• 둘째: 깨끗한 물에서 많은 교육과 경험을 쌓지 않은 상태에서 수준을 갑작스럽게 높여가는 것은 매 우 위험한 일이다.

• 셋째: 짝 다이빙에서 내가 훌륭한 강사라도 스쿠버 실력의 수준 보다 약간 아래의 장소를 선택하 는 것이 안전의 길이다.

• 넷째: 강사는 너무 무리하게 초보자를 새로운 경험의 교육을 하려 하지 말라.

6) 개인 보트를 타고 스쿠버 했다가 바다 위의 해양경찰서에 끌려 갔던 날

바다의 사나이, 의리의 사나이 현역 해군인 권기수라는 사람을 스쿠버교육을 시켜주었다. 이작도에서 군생활을 오랜기간 동안 하였고 서해지역은 훤하게 잘 아는 사람이다. 지금은 인천에서 군 생활을 하고 있다.

그래서 개인 보트가 있다고 하여 공기통을 가지고 약 30분 정도 쾌속으로 달려와 스쿠버를 하고 있는데 어선이 나타나 당신들 올라 오라는 것이었다. 왜 그러냐 했더니 여기는 어장이라는 것이 아닌가? 그래서 여기가 어장이라고 써 있지도 않고 어떻게 아느냐라고 했더니 해양경찰에 넘겨져 조사를 받았다.

당신들 채집한 것 있느냐고 물어 보길래 보시다시피 아무것도 잡은 게 없다.

잡으려고 하는 장비가 있느냐는 질문에 보시다시피 없다고 하였더니 지도장에 서명을 하고 풀려 났던 적이 있다.

▶해결방안

• 첫째: 그 지역의 스킨 스쿠버 삽을 통해서 반드시 스쿠버를 하여야 한다.
• 둘째: 넓은 바다라 하여도 주인이 다 있다는 것을 알아야 한다.
• 셋째: 가까운 해양 경찰서에 신고를 하고 들어 가야 할 것이다.
• 넷째 : 먹거리 보다는 새로운 경험과 물속 청소를 하여 환경을 정화 한다는 생각을 가져라.

7) 수심 20m에서 다이버가 코피 쏟으며 급상승

수영선수출신들의 다이빙 모임인 샘모임이 있다. 어느날 속초에서 스쿠버를 하는데 한 선배기 열심히 무엇인가 일을 하다가 급상승하는 모습을 목격하였다. 왜 그렇게 빨리 올라 왔냐고 했더니 마찬 가지로 가슴이 답답하고 죽을 것 같아서 올라 왔다는 것이었다. 그의 모습은 약간 코피를 흘리며 멍하니 한참을 회상하다가 휴식을 취하니 정상으로 돌아 돌아 왔다.

▶해결방안

• 첫째: 과호흡으로 인한 가슴 팽창 상승부력을 이기지 못하고 상승한 경우이다.
• 둘째: 호흡을 많이 하게 되면 부력조절기의 공기를 빼 주어야 한다.
• 셋째: 스포츠 다이버는 채집하면 안 된다. 언제나 스포츠로 끝나야 한다.
• 넷째: 스쿠버를 할 때는 언제나 여유를 두고 천천히 행동을 하여야 한다.

8) 입수 했던 장소가 잔잔했는데 출수 할 때는 심한 파도

한국체육대학교 학생들과 스쿠버 자격 취득을 주기 위해서 속초 바다로 투어를 갔었다. 4시정도에 들어 갈 때는 입수 장소가 잔잔했었는데 약1시간 후에 나오는데 입수 장소가 심한 파도가 치는 것이 아닌가. 파도가 심하지 않을 때를 타서 나오면서 파도에 쓸려 뒹굴며 힘들게 나온 적이 있다. 다행히도 학생들이라 힘도 있고 수영실력이 있었기에 사고가 나지 않았다.

▶해결방안

• 첫째: 오전에는 바람이 약하고 오후에는 강하게 분다는 것을 알아야 한다.
• 둘째: 입수 한곳이 파도가 많이 치면 꼭 입수한 곳으로 나오지 않고 안전한 곳을 선택한다.
• 셋째: 입수 할 적에 출수 할 곳을 1차, 2차, 3차로 미리 정하여 약속을 해 둔다.

9) 과음, 과식 후 스킨 스쿠버를 하면 구토 증상은 필연적

나는 수영선수 출신이라서 스쿠버 하는데 다른 증상이 없다고 생각하였다. 수영선수 후배 고명수 전 상무 감독이 스쿠버 하기 전날 선배들이 스쿠버 할 때는 술을 많이 먹는 것도 두려움을 없애는데 좋은 방법이라고 하였었다.

우리 친구인 이홍직씨를 오픈워터 첫 바다 교육인데 서해에서 모임을 하게 되었다. 첫날 서해에는 오픈워터 교육은 하지 않기로 마음을 먹었는데 그 다음날 들어가고 싶다는 것이었다. 이 친구는 잠도 충분히 자고 술도 얼마 마시지 않았고 아침밥도 먹지 않은 내가 생각할 때 컨디션이 좋을 것으로 생각했다. 스쿠버를 하기 위해서는 배를 타고 약 20여분간 타고 나갈 때 배 멀미를 하게 되고 물속에 들어가면 해초가 한들한들 흔들리며 춤을 추기 때문에 구토 증상이 나타난다.

함께 스쿠버를 한 사람들 중에서 3명이 구토를 하는 모습을 보았다. 그래서 요즈음은 교육을 가서 술을 하지 못하는 사람은 마시지 말기를 권장하고 마실 줄 아는 사람은 11시까지만 마시다 자는 것으로 원칙을 세웠다. 그러한 상황을 볼 때 나도 초보자 적에 멀미를 한 것 같다. 배를 타고 나갔다가 스쿠버를 하고 돌아오면 신트름이 올라와서 점심식사도 하지 못했던 기억이 난다.

▶해결방안

• 첫째: 초보자는 절대로 술을 주어서는 안 된다.
• 둘째: 초보자의 교육을 할 때는 장거리 운항을 하는 보트 다이빙을 하지 않는다.
• 셋째: 아침 식사를 하고 난 후 최소 1시간 이상을 쉬었다 한다.
• 넷째: 물속에서 수화로 구토 증상을 가끔 물어 보고 올라 가자고 가고 싶으냐고 제의한다.

10) 서해 다이빙은 물속에 그물이 많이 있기 때문에 반드시 짝 다이빙

서해 다이빙을 할 때는 물속에 그물이 많이 있기 때문에 그물에 대한 주의를 많이 주고 과대하게 그물에 걸려서 죽었다라는 내용으로 긴장감으로 그물 근처에 가지 못하도록 교육을 하고 있다. 그물에 걸리면 둘이서 그물을 칼로 끊어서 풀어주고 나와야 하기 때문에 반드시 둘이서 다녀야 한다고 말한다.

지금까지 그물은 많이 보았다. 그러나 그물에 걸려서 고생한적은 없다. 정면을 잘 보고 조류가 없는 곳을 선택하여 안전하게 다이빙을 하는 것이 진정한 스포츠 다이빙이다.

▶해결방안

- 첫째: 서해 다이빙을 처음 하는 사람은 모두 초보자라고 생각을 한다.
- 둘째: 스쿠버를 잘하는 사람일지라도 서해에 처음 왔으면 초보자라고 생각하고 잘 배려를 하여주고 짝 다이빙을 하여 준다..
- 셋째: 서해에서는 그물 때문에 짝 다이빙을 반드시 해야 한다.
- 넷째: 만약 혼자 있다가 그물에 걸렸다면 칼로 끊다가 안되면 수심이 얕기 때문에 장비를 버리고 올라와야 한다.
- 다섯째: 그물이 무겁지 않은 경우에는 웨이트 벨트를 벗어 버리고 부력조절기에 공기를 가득 넣고 그물을 끌고 위로 올라 올 수 있다.

부록.

OPEN WATER
SKIN SCUBA

1. 바다 속의 환경 사진(팔라우 바다 속 비경)

2.CMAS 초급 다이버(Open Water Diver) 시험 문제

1. 바닷속 수심 30m에서 다이버가 받고 있는 절대압력은 얼마인가?
   ① 3대기압   ② 4대기압   ③ 5대기압   ④ 6대기압

2. 바다에서 중성부력을 지닌 물체를 민물에 넣으면 어떻게 되나?
   ① 가라앉는다.   ② 뜬다   ③ 재질에 따라 다르다.   ④ 수온에 따른다.

3. 공기 중에 산소의 비율은 약 얼마나 되나?
   ① 16%   ② 21%   ③ 32%   ④ 78%

4. 다이버는 수중에서 소리의 어떤 상태를 잘 파악하기 곤란한가?
   ① 소리의 강약   ② 소리의 원근   ③ 소리의 방향   ④ 소리의 원인

5. 수중에서는 물체가 실제보다 어떻게 보이나?
   ① 가깝고 크게 보인다.   ② 가깝고 작게 보인다
   ③ 멀고 크게 보인다.   ④ 멀고 작게 보인다.

6. 수중에서 가장 먼저 흡수되는 색깔은 어떤 색인가?
   ① 파랑   ② 보라   ③ 노랑   ④ 빨강

7. 육상에서 100분간 호흡할 수 있는 공기통을 가지고 수심 30m의 바다속에서 호흡한다면 약 몇 분간 호흡할 수 있나?
   ① 50분   ② 30분   ③ 25분   ④ 20분

8. 바닷속 수심 10m에서 고무풍선에 2ℓ의 공기를 채운 후 이 풍선을 육상으로 가지고 올라오면 그 풍선의 부피는 몇 ℓ로 변하나?
   ① 2ℓ   ② 3ℓ   ③ 4ℓ   ④ 6ℓ

9. 고온에 노출된 공기통의 압력은 어떻게 변하나?
   ① 올라간다   ② 내려간다   ③ 온도에 따라 다르다   ④ 변화없다

10. 일정한 온도하에서 액체속에 녹아들어 가는 기체의 양은 그 기체의 무엇과 비례하는가?
    ① 온도   ② 부피   ③ 부분압   ④ 밀도

11. 스킨 다이빙시 숨을 참기전 초과호흡은 몇 번 정도하는 것이 바람직한가?
    ① 1~2번   ② 3~4번   ③ 7~8번   ④ 많이 할수록 좋다.

12. 잠수 중 고막이 터지면 수중에서 어떤 현상이 생기는가?
  ① 심한 현기증 　② 이마의 통증 　③ 물안경 속에 물이 찬다. ④ 소리가 안 들린다.

13. 감기에 걸렸을 때 다이빙을 하면 어떤 현상이 잘 생기나?
  ① 현기증 　② 멀미 　③ 부비동(사이너스) 압착 　④ 물안경 압착

14. 물안경 압착을 방지하기 위해서는 어떤 조치를 취해야 하나?
  ① 물안경 끈을 느슨하게 조인다. 　　② 수영용 물안경을 사용한다.
  ③ 하강 중 코로 물안경 속에 공기를 불어 넣는다. ④ 상승 중 물안경 물빼기를 자주 한다.

15. 스포츠 스쿠버 다이버의 안전 수심의 한계는 몇 m 인가?
  ① 20m 　　② 30m 　　③ 40m 　　④ 50m

16. 공기를 사용하여 수심 70m까지 잠수하면 어떤 현상이 생길 수 있나?
  ① 공기전색증 　② 산소중독 　③ 일산화탄소 중독 　④ 탄산가스 축적

17. 잠수 중 산소중독에 걸리는 현상을 피하기 위해서는 어떻게 해야 하나?
  ① 30m 이상 깊이 잠수하지 않는다. 　② 공기를 사용한다.
  ③ 숨을 참지 않는다. 　　④ 천천히 상승한다.

18. 잠수 중 탄산가스 축적이 되지 않게 하려면 어떻게 해야 하나?
  ① 천천히 수영한다. 　　② 필터로 잘 정화된 공기를 호흡한다.
  ③ 자동차 배기가스가 충전되지 않도록 주의한다. ④ 깊이 잠수하지 않는다.

19. 잠수 중 일산화탄소 중독이 생길 수 있는 원인은 무엇인가?
  ① 깊은 수심에 오래 잠수할 때 ② 부주의한 공기 충전
  ③ 하강속도가 너무 빠를 때 ④ 공기를 아끼려고 호흡을 참을 때

20. 다음 중 감압병과 가장 관계가 깊은 기체는 무엇인가?
  ① 산소 　　② 일산화탄소 　③ 질소 　　④ 아르곤

21. 감압병은 언제 걸릴 수 있나?
  ① 오랜 잠수 후 급히 상승할 때 　② 호흡을 정지하고 상승할 때
  ③ 순수산소를 사용 잠수할 때 　④ 깊은 수심으로 잠수할 때

22. 감압 불필요 한계내의 잠수 후 비행기를 타려면 몇 시간 이상 기다려야 하나?
  ① 4시간 　　② 6시간 　　③ 12시간 　　④ 24시간

23. 공기색전증을 예방하려면 어떻게 해야 하나?
    ① 상승중 호흡을 멈추지 않는다.   ② 하강속도를 천천히 한다.
    ③ 깊이 잠수하지 않는다.   ④ 감압정지를 한다.

24. 기흉은 언제 생길 수 있나?
    ① 순수산소를 호흡할 때   ② 냄새나는 공기를 사용 잠수할 때
    ③ 상승 중 호흡을 참을 때   ④ 음주 후 잠수할 때

25. 다음 중 치료 후 후유증이 가장 적은 것은?
    ① 감압병   ② 공기전색증   ③ 기흉   ④ 질소마취

26. 웨이트 벨트 사용방법에 대해 틀린 것은?
    ① 납을 양 옆구리에 똑같은 무게가 되도록 찬다.   ② 맨 마지막에 착용한다.
    ③ 쉽게 풀 수 있는 버클을 사용해야 한다.   ④ 긴급 시 쉽게 벗을 수 있도록 맨 겉에 찬다.

27. 부력조절기 사용방법 설명 중 맞는 것을 고르시오.
    ① 중성부력을 얻기 위해 사용한다.
    ② 무거운 물체를 들어올리기 위해 사용한다.
    ③ 반드시 탄산가스 압축통이 달려있는 것을 사용한다.
    ④ 오래 보관할 때는 공기를 다 뽑아둔다.

28. 귀의 압력균형은 언제 하는 것이 효과적인가?
    ① 귀가 아프기 시작할 때   ② 귀가 아프기 전 미리한다.
    ③ 내려가는 동안 매 1m마다 계속한다.   ④ 내려가는 동안 매 5m마다 계속한다.

29. 잠수 후 상승할 때는 어느 정도의 속도로 올라오는 것이 가장 안전한가?
    ① 1분당 20m   ② 1분당 60m   ③ 1분당 18m   ④ 1분당 9m

30. 수심 10m에서 잠수 중 공기가 떨어졌고 , 짝이 멀리 떨어져 있다면 어떤 비상상승방법을 택해야 하나?
    ① 비상수영상승   ② 짝 호흡상승   ③ 옥토퍼스 (비상 호흡기)호흡상승   ④ 자유상승

31. 수중에서 짝 다이빙 중 짝을 잃어버렸을 때 어떻게 해야 하나?
    ① 수중에서 공기가 다 될 때까지 찾아본다.   ② 혼자서 다이빙 한다.
    ③ 수중에서 수면으로 올라와 찾는다.   ④ 바로 수면으로 올라와 찾는다.

32. 다음 수신호는 무슨 뜻인가?
    ① 천천히   ② 내려가자   ③ 어디로 갈까?   ④ 이 수심에서 머물자

33. 다음 수신호는 무슨 뜻인가?
   ① 나는 괜찮다   ② 도와 달라   ③ 이리 모여라   ④ 위험

34. 상승자세의 설명 중 틀린 사항을 고르시오.
   ① B C에 공기를 넣으면서 상승한다.
   ② 위를 보며 상승한다.
   ③ 내쉰 공기의 방울을 보며 상승속도를 조절한다.
   ④ 흐린 물에서는 한 손을 위로 들고 상승한다.

35. 다음 수신호는 무슨 뜻인가?
   ① 호흡기를 뽑아라   ② 나에게 오라   ③ 짝 호흡 하자   ④ 공기를 내쉬어라

36. 현재 통상 사용되고 있는 알루미늄 합금 스쿠버용 공기통의 상용압력은 얼마인가?
   ① 150kg/㎠   ② 211kg/㎠   ③ 260bar   ④ 3000kg/㎠

37. 10년이 안된 스쿠버용 공기통의 수압검사는 몇 년마다 한번씩 해야 하나?
   ① 1년   ② 4년   ③ 5년   ④ 10년

38. 공기통 밸브에 관한 설명 중 틀린 것을 고르시오.
   ① 저장 밸브가 있는 것을 일명 J-밸브라 부른다.
   ② 저장 밸브를 내리면 공기통속의 공기압력이 올라간다.
   ③ 공기통 밸브에는 안전판이 달려있다
   ④ 저장 밸브가 올라가 있으면 호흡할 때 마다 수중 잔압계 바늘이 움직인다.

39. 호흡기 이 단계에서 나오는 공기의 압력은 어느 정도인가?
   ① 주변 압과 같은 압력   ② 주변 압보다 약간 높은 압력
   ③ 수압보다 약간 낮은 압력   ④ 약 10kg/㎠

40. 수중 잔압계는 호흡기 일단계의 어느 곳에 연결하나?
   ① BC호스 연결하는 구멍   ② 호흡기 2단계 연결하는 구멍
   ③ HP라고 표시된 구멍   ④ 아무곳이나 연결 할 수 있다.

41. 호흡기의 누름단추 설명중 틀린 것을 고르시오.
   ① 2단계의 물을 배출할 때 누른다.   ② 물속에서 구토하며 호흡할 때 누른다.
   ③ 잠수 후 민물로 닦을 때 누른다.   ④ 호흡기를 공기통과 분리할 때 누른다.

42. 다음 공기통 표시그림 중 100 이라는 표식은 무슨 뜻인가?
   ① 제조회사 표시   ② 제품 일련번호   ③ 수압검사 일자   ④ 상용압력

43. 다음 그림 중 부분 호흡기 명칭을 맞게 표시한 것을 고르시오.
    ① 1단계-② 누름단추-⑤ 고압호스-③　　② 1단계-④ 누름단추-⑤ 고압호스-①
    ③ 1단계-⑥ 누름단추-⑦ 고압호스-③　　④ 1단계-④ 누름단추-⑥ 고압호스-①

44. 잠수복에 관한 설명 중 틀린 것은?
    ① 잠수복은 체온유지를 위해 착용한다.
    ② 잠수복은 피부보호를 위해 착용한다.
    ③ 원단의 두께는 수온에 따라 결정된다.
    ④ 일반적으로 습식잠수복을 착용하면 드라이슈트를 착용할 때 보다 웨이트를 더 찬다.

45. 일단계 고압구멍에 B C호스를 연결하면?
    ① 호스가 터진다.　　　　② 구멍이 막혀 공기가 나오지 않는다.
    ③ 아무 이상 없다.　　　　④ 공기가 호스로부터 조금씩 새나온다.

46. 다음 중 조류의 세기와 가장 관계가 깊은 사항은?
    ① 바람의 세기　　　② 달의 크기　　　③ 계절　　　④ 파도

47. 해안가의 이안류(역류)과 만나면 어떻게 대처해야 하나?
    ① 역류를 거슬러 수영해 나온다
    ② 역류와 같은 방향으로 수영해 나간다
    ③ 역류를 가로질러 벗어난다
    ④ 바닥으로 잠수해 내려간다

48. 해류가 있는 곳에서 잠수 할 때는 일반적으로 어떤 방향으로 잠수를 시작해야 하나?
    ① 해류를 따라서　　② 해류를 거슬러서　　③ 해류를 가로질러서　　④ 해류와 대각선으로

49. 수온 약층에서는 어떤 현상이 나타나는가?
    ① 아지랑이 현상　　② 부력의 변화　　③ 찬물의 상승　　④ 수압의 증가

50. 다음 중 우리나라 근해에서 조류가 제일 셀 때는 언제인가?
    ① 음력보름　　　② 양력보름　　　③ 음력 8일　　　④ 양력 30일

51. 다음 중 수중에서 방향을 알 수 있는 참고자료로 적당치 않은 것은 무엇인가?
    ① 바닥의 모양　　　② 조류　　　③ 모래바닥의 모양　　　④ 물고기

52. 나침반의 바늘이 90。쪽을 가르키고 있다면 다이버는 어느 방향으로 향하고 있는 것인가?
    ① 동　　　　② 서　　　　③ 남　　　　④ 북

53. 파도가 생기는 주요인은 무엇인가?
   ① 조류   ② 수온   ③ 기압   ④ 바람

54. 바람의 방향은 ( )방위로 구분한다.
   ① 4방위   ② 8방위   ③ 16방위   ④ 32방위

55. 해안선으로부터 멀리 떨어진 곳에서 파도가 부서진다면 그것을 보고 알 수 있는 것은?
   ① 수심   ② 수온   ③ 시야   ④ 조류

56. 강장동물류에 쏘였을 때 응급처치 방법 중 올바른 방법은?
   ① 민물로 상처를 깨끗이 씻는다   ② 쏘인 자리의 침을 손으로 떼어낸다
   ③ 상처에 식초를 바른다   ④ 항생제를 먹는다

57. 독 있는 가시를 지닌 어류에 쏘였을 때 응급 치료방법은?
   ① 상처를 바닷물로 씻는다   ② 뜨거운 물로 찜질한다
   ③ 상처의 독을 입으로 빨아낸다   ④ 얼음 찜질을 한다

58. 바다뱀에 물렸을 경우 올바른 응급처치 방법은?
   ① 압박 매듭을 하고 안정시킨다
   ② 상처를 째고 입으로 독을 빨아낸다
   ③ 지혈대 묶기를 한다
   ④ 뜨거운 물 찜질을 한다

59. 다음 중 어느 것에 쏘였을 때 통증이 가장 심하게 나타나는가?
   ① 쑤기미   ② 히드라   ③ 바다뱀   ④ 성게

60. 다음 중 무는 생물이 아닌 것은?
   ① 곰치   ② 물개   ③ 상어   ④ 콘쉘

61. 침으로 다이버를 쏠 수 있는 생물이 아닌 것은?
   ① 히드라   ② 콘셀(원추고등)   ③ 쏠종개   ④ 바다뱀

62. 구조호흡은 1분당 몇 번씩 불어야 하나(성인의 경우)?
   ① 6   ② 12   ③ 18   ④ 24

63. 다음 중 상처의 피를 멈추게 하는 방법 중 가장 마지막으로 고려해야 할 방법은?
   ① 지혈대 묶기   ② 직접압박   ③ 압박점 누르기   ④ 상처부위 올리기

64. 쇼크의 응급처치 방법중 올바른 것은?
  ① 환자를 시원하게 해준다   ② 뜨거운 설탕물을 준다
  ③ 환자를 눕히고 다리를 약간 높여 준다   ④ 독한 술을 한잔 먹인다

65. CPR을 실시할 때 눌러야 하는 곳은?
  ① 명치   ② 검상돌기   ③ 검상돌기위 3~4cm   ④ 복부

66. CPR실시 중 누르는 깊이는?
  ① 1~2cm   ② 2~3cm   ③ 4~5cm   ④ 약 5cm

67. 혼자서 CPR할 경우 —번 가슴압박하고 —번 인공호흡을 하는 과정을 반복한다.
  ① 15, 2   ② 30, 2   ③ 15, 1   ④ 30, 3

68. CPR중 심장을 누르는 속도는 분당 몇회 정도인가?
  ① 약50~60회   ② 약70~80회   ③ 약80~100회   ④ 약100~120회

69. 의식이 없는 조난자를 발견했을 때 맥박이 뛰는지 확인하는 곳은?
  ① 경동맥   ② 대정맥   ③ 폐동맥   ④ 대동맥

70. 지친 다이버를 먼 거리까지 수면이동 시켜야 할 때 가장 적합한 끌고가기 방법은?
  ① 어깨로 밀고 가기   ② 팔짱끼고 끌고가기
  ② 탱크밸브잡고 끌고가기   ④ 겨드랑이 잡고 끌고가기

71. 잠수시간이란 언제부터 언제까지인가?
  ① 하강시작 순간부터 잠수 후 수면에 도착한 순간까지
  ② 하강시작 순간부터 바닥에 도착한 시간까지
  ③ 하강시작 순간부터 상승시작 순간까지
  ④ 바닥에 도착한 순간부터 상승시작 순간까지

72. 재 잠수란 전회 잠수 후 몇 시간 이내에 하는 잠수인가?
  ① 6   ② 10   ③ 12   ④ 24

73. 잠수표 상의 반복그룹이란 무엇인가?
  ① 몸속에 남은 질소량의 기호표시
  ② 감압정지 해야 하는 그룹
  ③ 재 잠수를 위한 휴식그룹
  ④ 반복 잠수의 횟수

74. 잠수표를 사용할 때 택하는 잠수수심은 다음 중 어느 곳인가?
　① 제일 깊이 잠수한 수심　　② 제일 오래 있었던 수심　　③ 평균수심　　④ 제일 얕은 수심

75. 전회 잠수를 마치고 몇 분 이내에 잠수를 다시 시작하면 전회 잠수가 계속 이어지는 것으로 보는가?
　① 5분　　　　　② 10분　　　　　③ 20분　　　　　④ 1시간

76. 수심에서 30m에서 20분간 잠수했을 때 반복그룹은?
　① F　　　　　② G　　　　　③ H　　　　　④ Z

77. 휴식 전 반복그룹이 F그룹이던 다이버가 1시간 30분 휴식을 취했을 때 휴식 후 새로운 반복그룹은?
　① A　　　　　② B　　　　　③ C　　　　　④ D

78. 휴식 후 반복그룹이 D그룹이던 다이버가 20m에서 감압 없이 재 잠수할 수 있는 시간은 분이다.
　① 20　　　　　② 25　　　　　③ 30　　　　　④ 35

79. 휴식 후 반복그룹이 D그룹이던 다이버가 20m에서 재 잠수할 때 잔류질소시간은( )분이다.
　① 15　　　　　② 20　　　　　③ 25　　　　　④ 30

80. 휴식 후 반복그룹이 D그룹이던 다이버가 20m에서 25분간 잠수했을 때 반복그룹은( )그룹이다.
　① E　　　　　② F　　　　　③ G　　　　　④ I

81. 스포츠 다이버는 잠수 후 통상 어느 정도 안전정지를 계획하는 것이 바람직한가?
　① 하지 않는다　　　　　　② 5m에서 3~5분간
　③ 5m에서 25분간　　　　　④ 9m에서 3분, 3m에서 5분간

82. 다음 중 스포츠 다이버 안전수칙에 맞는 것은?
　① 친구로부터 잠수교육을 받는다　　　　② 혼자서 잠수해 본다
　③ 스쿠버 잠수 시 절대로 숨을 참지 않는다　　④ 조류보다 빨리 수영해 간다

83. 다음 중 스포츠 다이버 안전수칙에 맞는 것은?
　① 수심 30m이하로 잠수해본다　　　　② 감압이 필요한 잠수를 한다
　③ 반드시 부력조절기를 사용한다　　　　④ 공기통은 매년 수압검사를 한다

84. 다음 중 스포츠 다이버 안전수칙에 맞는 것은?
　① 감기에 걸렸을 때 천천히 상승한다
　② 파도가 높을 때는 파도 밑으로 잠수한다
　③ 항로에서 잠수한다
　④ 공기통속의 공기가 50㎏/㎠정도 남으면 상승하기 시작한다

85. 스포츠 다이버의 안전한계수심은 ( )m이다.
   ① 10   ② 20   ③ 30   ④ 40

86. 다음 중 해경서장의 허가없이 잠수가 가능한 지역은?
   ① 항만내   ② 항계내   ③ 어항의 수역   ④ 해수욕장

87. 스쿠버 다이버가 거슬러 올라갈 수 있는 조류의 최대속도는?
   ① 1Knot   ② 2Knots   ③ 3Knots   ④ 4Knots

88. 스쿠버다이버가 갖추어야 할 필수장비가 아닌 것은?
   ① 호흡기   ② 수심계   ③ 잔압계   ④ 저장밸브 달린 공기통

89. 다이버가 다이빙 여행을 위해 항시 지녀야 할 예비부품은?
   ① 마스크끈   ② 일단계 고압시트
   ③ 이단계 저압시트   ④ 일단계 피스톤 'O'링

90. 다음 중 특수 잠수 교육을 받지 않고도 즐길 수 있는 것은?
   ① 얼음밑 잠수   ② 동굴잠수   ③ 난파선 잠수   ④ 민물잠수

3. 스킨 스쿠버 자격 취득 교육 계획(예시)

■ 스킨 스쿠버 교육 계획

1. 일　정: 이론교육(8H) - 6월 27일, 28일 - 장소 : 한국체육대학교 강의실
　　　　실기교육(10H) - 6월 27일(장소 : 한국체대 수영장), 28일(올림픽 잠수풀)
　　　　해양실습(1박2일) - 6월 29 ~ 30일(고성 청간정 리조트)

2. 대　상: 스킨 스쿠버 체험 / 초급 / 중급 / 상급 자격증 취득 희망자

3. 준비물: 수영복, 수모, 자격증 신청서 (반명함판 사진2매)

4. 이　론: 스쿠버 이론(초급/중급스쿠버이론), 레져스포츠 전망

5. 수영장 교육: 서울 송파구 올림픽로 424 올림픽공원 내 올림픽수영장
　　　　(지하철 5호선 - 올림픽공원역 3번 출구 도보 10분)

■ 잠수풀 교육(초급) ------ 상급자 교육 프로그램은 고급 기술로 진행합니다.

구분	일자	교육내용	장소
이론	6월 27일 09~13시 (4H)	• 잠수장비, 잠수물리, 잠수생리, 기초 잠수기술	대학 강의실
	6월 28일 09~13시 (4H)	• 심화잠수기술, 해로운 생물, 잠수 환경, 　잠수표	대학 강의실
실습 (스킨)	6월 27일 14시~19시 (5H)	• 스노클 / 마스크 물 빼기, Fin Kick • 표면잠수기술 1, 2, 3, 4 • 입·출수 동작(서서입수, 앉아서 뒤로 입수)	한국체대 수영장
실습 (스쿠버)		• 장비 결합 및 해체 / 장비 착용 • 호흡기 기울여 찾기, 호흡기 1단계부터 찾기 • 마스크 물 빼기 • 하강 및 상승, 유영	한국체대 수영장
실습 (스킨)	6월 28일 14시~19시 (5H)	• 표면잠수기술 1, 2, 3, 4 복습 • 스킨베일아웃 • 입.출수 동작 복습	올림픽 다이빙 풀
실습 (스쿠버)		• 하강 줄 하강 및 상승, 자유하강 및 상승 • 중성부력 유영 • 위급상황 시 행동 　(비상수영상승/긴급부력상승/짝 호흡)	올림픽 다이빙 풀

■ 스킨 스쿠버 해양실습 일정

날 짜: 2022년 6월 29~30일 (기상악화 시 변동될 수 있습니다)

장 소: 강원도 고성군 토성면 (청간정 리조트) - 현지 사정으로 변경될 수 있음

준비물: 수영복, 수모, 여벌옷, 선크림, 모기약, 자신감

– 해양실습 일정 1일차

시간	내용	장소	비고
08:00~08:30	인원점검 / 차량탑승	한국체육대학교	
08:30	출발	한국체육대학교	이동 중 간식 수령
11:00~11:30	도착	청간정 리조트	장비 정리
11:30~13:00	중식	청간정 갈비	1조 부터 식사
13:00~14:30	1차 다이빙	리조트	초중급자
14:30~16:00	2차 다이빙	리조트	초중급자
16:00~17:00	선택 다이빙	리조트	상급자 / 희망자
17:00~17:30	장비 세척 / 정리	리조트	
17:30~18:30	석식	청간정 갈비	
18:30~19:00	숙소이동 / 방배정	현대 '수' 콘도	
19:00~21:00	개별 토의	현대 '수' 콘도	스쿠버 리뷰
21:00~22:00	정리 / 취침	현대 '수' 콘도	

– 해양실습 일정 2일차

시간	내용	장소	비고
07:00~07:30	기상 / 세면	현대 '수' 콘도	
07:30~08:00	이동	리조트	
08:00~09:00	조식	리조트	1조 부터 식사
09:00~10:30	3차 다이빙	리조트	초중급자
10:30~13:00	4차 다이빙	리조트	초중급자
13:00~13:30	장비정리	리조트	기념촬영
13:30	출발		이동간 중식
17:00	도착	한국체육대학교	

* 상기 일정은 변동 될 수 있습니다.

■자격증 발급신청서

서울시 송파구 올림픽로 424
SK 핸드볼경기장 112호
사단법인 대한수중핀수영협회
전화 : 02-420-7493
팩스 : 02-421-8898

CMAS
CONFÉDÉRATION MONDIALE
DES ACTIVITÉS SUBAQUATIQUES
WORLD UNDERWATER FEDERATION

CMAS

KOREA UNDERWATER ASSOC.

KOR/F00/P1/	C-CARD 발급신청서	No. -

CMAS One Star Diver C-CARD 발급신청서

신 청 열	20 년 월 열		
강사성명		강사번호	
강사서명		연 락 처	

이 사람은 세계수중연맹과 대한수중핀수영협회에서 정한 CMAS One Star Diver 기준
이상의 잠수 이론과 기술을 습득하였으므로 C-CARD 발급을 신청합니다.

발급대상자 신상명세서

성 명	[한글]		사진 3cm X 4cm
	[영문]		
생년월일		[남, 여]	
주 소			
우편번호			
전화번호	[자택]	[휴대폰]	
E - MAIL			

C-CARD 소지 현황

C-CARD 등급	C-CARD 번호	발급 기관	발급 열자	발급 강사

■ 면책동의서

서울시 송파구 올림픽로 424
SK 핸드볼경기장 112호
사단법인 대한수중핀수영협회
전화 : 02-420-7493
팩스 : 02-421-8898

위험의 인수와 면책동의서

이 면책동의서는 다음과 같은 내용을 증명하기 위한 서류입니다.

1. 강사는 교육생에게 스쿠버다이빙 교육과정에 발생할 수 있는 위험 요소에 대하여 사전에 충분한 설명을 하였음.
2. 스쿠버다이빙에 내포된 위험성을 충분히 인지하고 있음.
3. 교육과정에 참가하고자 하는 학생은 교육과정 중 발생할 수 있는 상해, 의료 사고 및 물질적 피해에 대하여 면책대상자에게 책임을 묻지 않겠다는 것에 동의함.

※ 서명하기 전에 다음의 항목을 자세히 읽고 오른편 동의란에 서명하여 주시기 바랍니다.

1	교육 중 발생할 수 있는 상해, 의료 사고 및 물질적 피해에 대하여 교육기관, 책임강사 및 교육이 진행되는 리조트 [이하면책대상]에 대해 일체 책임을 묻지 않겠습니다.	
2	이 면책동의서에 기술된 내용들은 단지 고지를 위한 것이 아니며 계약상의 내용이라는 것을 알고 있습니다. 이를 알고 전적으로 본인의 의지에 따라 서명합니다.	
3	압축공기를 호흡하는 스쿠버다이빙은 압력손상, 공기색전증, 감압병 등을 비롯한 여러 가지 잠재적 위험성을 갖고 있다는 것을 알고 있습니다.	
4	책임강사 혹은 교육기관으로부터 면책과 위험고지에 대한 설명을 충분히 들었으며 이해하였습니다.	
5	교육 중 지급되는 교육장비의 파손 및 분실에 대하여 본인이 책임질 것이며, 그에 따른 배상 또한 적절히 이행하겠습니다.	
6	스쿠버다이빙 교육에 성실하게 참여할 것이며, 교육 불참 혹은 지시불이행으로 생기는 불이익은 본인이 감수하겠습니다.	
7	정신적, 육체적으로 건강하며, 교육 중 다이빙에 악영향을 끼치는 약물을 복용하지 않겠습니다.	
8	사고예방을 위해 강사의 지시를 잘 따를 것이며, 일체의 개인행동을 삼가겠습니다.	
9	교육 중 본인의 건강상태를 강사에게 수시로 통보하겠습니다.	
10	이 동의서에 서명할 수 있는 법적 효력을 갖는 연령이거나, 법적인 자격 혹은 부모 (보호자)의 서면 동의를 취득하였습니다.	

본인은 스쿠버다이빙 교육과정은 위험성이 있을 수 있다는 것에 대해 충분히 인지하고 있습니다.
교육 중에는 반드시 강사의 지시를 따를 것이며 지시불이행에 의해 발생하는 모든
물질적, 신체적 손해에 대한 책임을 일체 본인이 질 것을 서약합니다.

20   년   월   일

교육 신청자   [인]

보 호 자   [인]

■ 출석부

순번	성명	전화	6/27 (월)	6/27 (화)	6/27 (수)	6/27 (목)	스킨베일아웃	맨몸하강 5M	이론시험 (70점)	키	체중	발	자격
1													
2													
3													
4													
5													
6													
7													
8													
9													
10													
11													
12													
13													
14													
15													
16													
17													
18													
19													
20													
21													
22													
23													
24													
25													
26													
27													
28													
29													
30													

4. 스킨 스쿠버 장비 점검표

	번 호	품 목	1차 확인	2차 확인	3차 확인	비 고
중요물품	1	마스크				
	2	스노클				
	3	휜				
	4	슈트				
	5	잠수장갑				
	6	잠수신발				
	7	부력조절기				
	8	레귤레이터				
	9	후드				
	10	가방				
	11	세면도구				
	12	수영복				
추가물품	13	필기도구				
	14	채집망				
	15	다이빙 보드				
	16	작살				
	17	나이프				
	18	렌턴				
	19	썬크림				
	20	슬리퍼				
	21	다이브 얼러트				
	22	탐침봉				
	23	다이빙시계				
	24	로그북				
	25	잠수표				
	26	부의				
	27	공기탱크				
	28	웨이트 벨트				
	29					
	30					

● 참고 문헌

- 김상겸, 이병두, 정창호(2016). 스킨 스쿠버 다이빙(초급편)도서출판 씨코.

- 수영 아나토미(2010). 푸른솔.

- 수영초보자와 지도자를 위한 수영의 입문(2011). 교육과학사.

- 육현철(2010). 수영지도와 경기운영. 레인보우북스.

- 육현철(2002). 수영 지도론, 광림북하우스.

- 육현철(2017). 수상인명구조 이론과 실제. 도서출판홍경.

- 육현철(2012). 수영(경영) 경기운영론. 광림북하스.

- 이병두, 정창호(2016). 스킨 스쿠버 다이빙(중급편)도서출판 씨코.

- 이병두, 정창호(2016). 다이빙 백과사전. 도서출판 씨코.

- 오메가 타임키퍼. http://www.omegawatches.com

- 장동입(2020). 생존수영. 대전광역시교육청

- 재미있는 수영교실(2002). 도서출판 홍경.

- 제종길. 바다와 생태이야기. 민속문화연구소.

- 캐나다 수영 코치 자격 프로그램. www.nccpswimming.org.

- 현대수영(2008). 건국대학교출판부.

- 해저여행(2021).Travel.

- SSI(SCUBA SCHOOL INTERNATIONAL). Open Water Diver.

● 저자약력

저자_육 현 철

- 현) 한국체육대학교 사회체육과 교수
- 현) 대한수중협회 스킨 스쿠버 강사
- 현) 대한체육회 평가위원
- 현) 태평양아시아협회 청년해외봉사단장
- 전) 한국체육대학교 사회체육대학원 원장 및 교육대학원 원장
- 전) 한국체육대학교 평생교육원 원장
- 전) 한국체육대학교 교수평의회 의장
- 전) 송파구 수영연합회 회장
- 전) 한국올림픽성화회 회장
- 전) 수영국가대표선수
- 배영 100m 200m 한국신기록수립자

모델_육 경 수

모델 약력

- 성결대학교 체육교육과 재학생
- CMAS 마스터 다이버
- 생활체육지도사 수영자격취득
- 대한적십자사 인명구조자격취득
- 대한적십자사 응급처치자격취득
- 한국수상레저안전연합회 응급처치자격 취득
- 생활체육지도사 보디빌딩자격취득

한국체육대학교 학술교양총서 009

왕초보 스킨스쿠버 다이빙론

초판 1쇄 인쇄 2022년 10월 31일
초판 1쇄 발행 2022년 11월 18일

지은이 육현철
펴낸이 최종숙
펴낸곳 글누림출판사

편 집 이태곤 권분옥 임애정 강윤경
디자인 임종덕 안혜진 최선주 이경진
마케팅 박태훈 안현진

주 소 서울시 서초구 동광로46길 6-6(반포4동 577-25) 문창빌딩 2층(06589)
전 화 02-3409-2055(대표), 2058(영업), 2060(편집)
팩 스 02-3409-2059
전자우편 geulnurim2005@daum.net
홈페이지 www.geulnurim.co.kr
블로그 blog.naver.com/geulnurim
북트레블러 post.naver.com/geulnurim
등록번호 제303-2005-000038호(2005.10.5.)

ISBN 978-89-6327-707-3 03690

정가는 뒤표지에 있습니다.